ふだんの料理がおいしくなる理由

「きれい」な味作りのレッスン

講談社

目次

01｜せん切りキャベツ　4

02｜あじフライ　6・8・9

03｜一口カツ　7・9

04｜グリーンサラダ　10

05｜目玉焼き　12・14

○これもおいしい！ ハムエッグ丼　14

06｜プレーンオムレツ　13・15

「きれい」な料理がおいしい理由　16

「きれい」な献立｜野菜がメインの日　18
ご飯／豆腐のみそ汁／なすの田舎煮／
きゅうりとわかめの酢の物

07｜ご飯　18・20

08｜家庭だし　21

○豆腐のみそ汁　21

09｜青菜の煮浸し　22・24

10｜大根の炊いたん　23・25

11｜なすの田舎煮　26・28

12｜小芋の含め煮　27・29

13｜肉豆腐　30・32

14｜筑前煮　31・33

15｜魚（鮭）のムニエル　34

○しょうゆバターソース　35

「きれい」な献立｜魚がメインの日　36
魚（鮭）のムニエル／ご飯／
小松菜のみそ汁

16｜魚（さわら）の塩焼き　38

○大根おろし　39

「きれい」な献立｜魚がメインの日　40
魚（さわら）の塩焼き／大根おろし／
ご飯／わかめと油揚げのみそ汁／
ひじきの五目煮

17｜ひじきの五目煮　42

18｜切り干し大根の煮物　44

19｜きゅうりとわかめの酢の物　46

20｜ポテトサラダ　48・50・51

「きれい」な献立｜
あじフライ＋ポテサラ定食の日　48・49
あじフライ／せん切りキャベツ／
ポテトサラダ／ご飯／
しいたけと三つ葉のみそ汁

21｜もやし炒め(野菜の単品炒め)　52

22｜ゴーヤーチャンプルー　54・56

23｜キャベツと豚肉の辛みみそ炒め

55・57

○田楽みそ　57

24｜精進揚げ　58・60・61

25｜天つゆ　58・61

「きれい」な献立｜

精進揚げ＋そうめんの日　58・59

精進揚げ／天つゆ／そうめん

「きれい」を作る基本の道具　62

26｜錦糸卵　64

27｜春雨サラダ　66・68

28｜冷やし中華　67・69

「きれい」な献立｜おすしの日　70

ちらしずし／庄内麩と三つ葉の吸い物

29｜ちらしずし　70・72

○しいたけのうま煮　72

30｜一番だし　71・73

○庄内麩と三つ葉の吸い物　73

31｜洋風ずし　74・76

32｜かきたま汁　75・77

○これもおいしい！ 鶏卵汁　77

33｜炒り卵　78

34｜三色ご飯　80・82

35｜鶏だんご弁当　81・83

36｜鶏だんご鍋　84・86

37｜ロールキャベツ　85・87

「きれい」な献立｜

おむすび＋豚汁の日　88

おむすび／豚汁／青菜の煮浸し

38｜おむすび　88・90

39｜豚汁　89・91

40｜フルーツ白玉　92・94

41｜ドーナツ　93・95

○この本では、材料を次のように計量しています。
カップ1＝200㎖、大さじ1＝15㎖、小さじ1＝5㎖
米はカップ1＝200㎖

見た目も口当たりもふわふわがいい。

01 | せん切りキャベツ

見るからにふわふわの「きれい」なせん切りキャベツ。口に入れるとふわっと軽く柔らかく、とってもおいしいのです。野菜を好まない男のひとも、フライに添えたキャベツがふわふわであれば、思わず「おかわりある？」と言ってくれるはず。一度覚えてしまえば切り方は簡単です。

1　キャベツは丸1個でも½個を買ったときでも、芯を切り取ります。そしてせん切りにして食べる分だけ、外側と内側の葉を手ではずします。
せん切りキャベツには、外側から真ん中ぐらいまでの大きめの葉がおすすめ。巻きの状態でせん切りにするのではなく、1枚ずつはがした葉を重ねて切っていきます。ちなみに一番内側の柔らかくて小さなこぶしのような葉の部分は、せん切りにするのはもったいない（と私は思います）。形を残したまま、生でサラダにしてもサッとゆがいてもみそ汁に入れてもおいしいのですから。

2　はずした葉を重ね、横幅の広いところが5～6cm幅になるように縦に切ります[→a]。

3　2の長さを3等分ほどに切って葉を重ね、〝四角柱〟の形にします[→b]。
このとき、キャベツの端のほうは内側に折り込んで、上から見たときになるべくきれいな四角い形に整えるのがコツ。

4　両手でギュッと押して、〝四角柱〟を低くします[→c]。
包丁の刃の高さよりも、切るもののほうが背が高くなると、どんなに包丁名人でも上手に切れないのです。

5　4を少し斜めに置いて、角のある端から包丁でできるだけ細く切っていきます[→d]。
包丁を上からまっすぐ落としてキャベツを切断するのではなく、手前から奥へすべらせるように。〝上手なパイロットが飛行機を着陸させるときのように〟スーッとなめらかにスライディングさせて切っていきます。

6　ある程度切ったら、キャベツの向きを少し変えて、また角を探し、その部分の端から細く切る——を繰り返してせん切りにします[→e]。
左手の使い方にも注目。第二関節が常に包丁に当たるようにして、左手を微妙にうしろにずらしていくとよいですよ[→f]。

せん切りにしたキャベツは短時間水につけて、ざるに上げて水けをきり、器に盛ります。こうして切ったキャベツは、早くも1回目から「わっ、いつもより細くきれいにできた！」と思うできばえ。もちろん、レッスンを重ねれば重ねるほど上手になります。ちなみに、どんなに細く切ってあっても、包丁で上からガンガンたたき切ったせん切りキャベツはおいしくない。キャベツの切り口がでこぼこで表面積が大きい分、酸化が早くて味も落ちるからです。「きれい」がおいしいのには、ちゃんと理由があるんですよ。

a

b

c
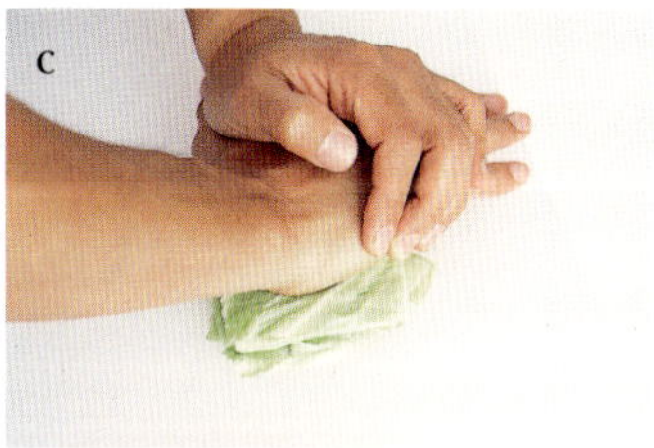

d

e

f

02｜あじフライ

さくさくで、ふっくら。
もちろん、キャベツもふわっふわ。

03 | 一口カツ

口当たり、軽やか。
揚げたてのフライは幸せのおいしさ。

これからはパン粉を手作りしましょう。

揚げ油に入れると水分を含んだパン粉から、しゅわしゅわと泡（水分）が出てきます。この泡で、素材が蒸されるようになって、柔らかく火が通るのが、フライというお料理。だから「パン粉がモノを言う」のです。おいしいパン粉で作れば、フライのおいしさがだんぜん違う。

そこでおすすめしたいのが、パン粉を手作りすることです。簡単ですよ。しっかりと焼かれた目の詰んだ食パン（ホテル用などの目の詰んだものがおすすめ）をミキサーで細かくするだけでいい。これだけで、きめ細かな衣がついたきれいなフライができます。ふっくらとおいしくて、幸せの味のするフライです。

このパン粉、たくさん作ったときは冷凍庫で保存もできます。

あじフライ

○4人分
あじ････中4尾
食パン（6枚切り）････2枚
塩・薄力粉・溶き卵・揚げ油････各適量
せん切りキャベツ（→4・5ページ）・ソース････各適量

1 あじは三枚におろす。魚屋さんやスーパーの魚売り場でおろしてもらってもよい。
2 食パン（目の詰んだものがよい）はちぎり、まずは耳をミキサーで細かくする。次に白い部分を加えて、細かく粉砕する。
3 あじの水けをキッチンペーパーでよく拭き取り、薄塩をしてから、薄力粉を全体にまぶし、（両手ではさんでピタピタとたたくようにして）粉をよく落とす［→a］。
4 フライパン（写真は直径24cmを使用）にカップ1程度の揚げ油（フライパンの底から8mmぐらいの深さ）を入れて加熱する。菜箸で一混ぜして、全体の温度を均一にし、170℃（菜箸を入れたとき、先から細かい泡が出る温度）に熱する［→b］。
5 3に片手で溶き卵をつけ（ボウルの端でゆっくりと卵液をきる）、もう一方の手でパン粉をつけて（右手と左手で別々のことをすれば、指にばかり衣がつくのを防げる）、油に入れる。
6 魚を入れると、油の温度が一瞬下がるので火を強める。下の面が色づいてきたら火を弱め、おいしそうな色に揚がったらひっくり返す。もう片面もしっかりと色づくまで揚げる。
7 器に盛り、キャベツを添えて、ソースをかける。
○少量の油で揚げ物をするときは、温度に注意を払う。パチパチという音がしたり、油がハネるのは温度が高すぎるしるし。焦らずに、フライを揚げている途中でもいったん火を止めて、油の温度を下げるのがよい。

a

粉はたっぷりまぶしてから、手ではたいてふり落とす。ごらんのように、調理途中の材料もきれいな状態であることが、できあがりの「きれいな味」に結びつく。

b

少ない油で揚げてOK。ただし高温になりやすいので火加減に注意を払って。フライを何回かに分けて揚げる場合は、油の汚れを網などできれいに取り去ってから次を揚げる。

一口カツ

○4人分
豚ヒレ肉（かたまり）････400g
　塩・こしょう････各適量
食パン（6枚切り）････2枚
薄力粉・溶き卵・揚げ油････各適量
せん切りキャベツ（→4・5ページ）・パセリのみじん切り・ソース････各適量
＊トマトやレモンのくし形切りを添えて。

1 豚ヒレ肉は1cm程度の厚さの食べやすい大きさに切り、（肉たたき、空き瓶、すりこ木などで）軽くたたいて広げる［→a］。両面に塩、こしょうをふり、下味をつける。
2 食パン（目の詰んだものがよい）はちぎり、まずは耳をミキサーで細かくする。次に白い部分を加えて、細かく粉砕する。
3 薄力粉を全体にしっかりまぶし、（両手ではさんでピタピタとたたくようにして）粉をよく落とす。
4 フライパン（写真は直径24cmを使用）にカップ1程度の揚げ油（フライパンの底から8mmぐらいの深さ）を入れ、菜箸でかき混ぜて、全体の油の温度を均一にし、170℃に熱する。
5 3に片手で溶き卵をつけ［→b］、もう一方の手でパン粉をつけて、油に入れる。
6 油の温度が一瞬下がるので火を強める。下の面が色づいてきたら火を弱め、おいしそうな色に揚がったらひっくり返す。もう片面もしっかりと色づくまで揚げる。
7 器に盛り、キャベツにパセリを混ぜて添え、ソースをかけていただく。
○家庭で揚げるフライは、大きさがまちまちでもかまわない。家族の年齢もまちまちなのだから。

a

一口大に切った肉は軽くたたいて広げる。ラフにたたくのがよい。「ええ加減にやったらええねん」という感じ。固いところと柔らかいところとむらがあったほうが、揚げたときにおいしかったりするので。

b

卵をつけたら、ボウルの端でゆっくりと卵液をきる。すると、そのあとにまぶすパン粉もまんべんなく「きれい」につく。

dressing＝ドレッシングの衣をまとった
美しいサラダを作ろう。

04 | グリーンサラダ

グリーンの色が濃くて。朝露のようなドレッシングをうっすらとまとっているから、みずみずしくて。「きれいやな」と思わず見とれてしまうサラダは、口に含んだときに野菜の甘みや苦みが広がって、それはもう格別のおいしさです。緑の葉っぱを味わう、とびきりのサラダを作りましょう。

1　野菜はサラダ菜、エンダイブ、クレソン、レタス類など好みのものを用意します。1〜2種類だけでもかまいません。

2　ボウルに水（暑い季節は氷水）をはって、野菜を食べやすくちぎっていきます[→a]。
　このとき、野菜を見て「きれいだな」「可愛いな」と感じながらちぎってください。野菜は金けを嫌うので、手でやさしくちぎるのが一番。

3　別のボウルに水をはり、2の野菜をふんわりとひとつかみずつすくい取り、新しいボウルの水に浸していきます。

4　最初の2のボウルの水は泥や汚れが出ているので捨て、新しい水に替えて、再び野菜をひとつかみずつ新しい水に移します。これを1〜2回繰り返して野菜を洗います。

5　ざるに上げて水けをきり、広げたタオルの上に野菜を1切れずつ並べます。もう1枚のタオルを上にかぶせ、やさしく手で押して野菜の水けをきります[→b]。
　来客時などにあらかじめサラダの下ごしらえをしておくときは、タオルに包んだ状態でボウルに入れて、冷蔵庫で2〜3時間冷やすと最高の状態になります。

ドレッシングをからめるのは食べる直前です。いろいろ試した結果、ご飯にも合う、日本人の舌に合う〝定番ドレッシング〟の割合はこれでした。

〈薄口しょうゆ：米酢：オリーブオイル＝1：1：2〉

塩でほどよい塩分にピタッと決めるのは難しいのです。その点、薄口しょうゆ[→c]なら、うまく味がまとまってくれて、誰にでも好まれる親しみのあるドレッシングになります。

6　大きめのボウルにドレッシングの材料を入れ、白っぽく乳化するまで泡立て器でよく混ぜます[→d]。いただく直前に5の野菜をボウルに加え、さっくりあえます[→e]。

あまりにていねいで驚かれましたか？　実はこの方法、フランスのレストランで修業したときに教わったもの。「サラダとはこういうものか！」と若かりし頃の私も目からうろこの落ちる思いでした。野菜にドレッシングをかけるのではなくdressingする、つまり「美しくまとわせる」グリーンサラダ、ご馳走の一品にしてください。

a

b

c

d

e

05 | 目玉焼き

白身のまわりのおいしそうなチリチリ！
今にもくずれだしそうな、ぷるんとした黄身！

06｜プレーンオムレツ

形よりも、まろやかさ&しっとり加減。
みずみずしいサラダを添える、朝のご馳走。

鉄のフライパンで弱火で焼きます。

a

せっかくの目玉焼きに細かい殻などが入ると台無しなので、卵の殻は両手でしっかり割る。

目玉焼き

目玉焼きもオムレツも、鉄のフライパンを使ったほうが上手に作れます。鉄のフライパンはから焼きして高温にできるので、鍋全体が熱で充分に温まり、その熱でふんわりと素材を包み込むように調理できる。だからいいのです。

もちろんフッ素樹脂加工のフライパンには、フッ素樹脂加工ならではのよいところがあります。たとえば､ぶり照りなどを作るとき、魚のにおいが鍋につきにくいといったような。しかし目玉焼きやオムレツには鉄のフライパンが向くのです。おいしい卵料理を作るために、どうでしょう、鉄のフライパンとも仲良くなってみませんか。

フライパンを中火で充分にから焼きして、煙がかすかに上がるほどになったら多めの油をひく。油が鍋肌になじんだら油をきる。このワンステップを必ずふんでから調理に入れば、素材が鍋にくっつくこともありません。

○1人分
卵････2個
サラダ油････大さじ1

1 鉄のフライパンを中火でから焼きし、サラダ油適量（分量外）をなじませ、油をきる。
2 フライパンにサラダ油をひく。油が熱くなったら、卵を両手で割って落とす[→a]。
3 弱火でゆっくり、じっくりと焼く（卵だけのときはふたをしないで焼いてよし）。白身のまわりがチリチリと焦げてきたら皿に移す。

これもおいしい！

ハムエッグ丼

○1人分
1 温めて油をなじませたフライパンにサラダ油大さじ1をひき、ロースハム2枚を入れて両面を中火でサッと焼く。
2 卵2個を割り入れ、弱火にして、フライパンのふたをする。
3 白身が固まったら火を止めて、ふたをしたまま余熱で仕上げる。温かいご飯にのせ、しょうゆ適量をかけていただく。

何度も作ってみるうちに、必ずオムレツ名人になれます。

プレーンオムレツ

たとえばホテルのレストランのオムレツ。形がものすごくきれいでふわふわでも、実はあまりおいしくないことが多いでしょう？　あれは弱火で作っているせいです。オムレツは卵の風味を活かすように強火で手早く作るのが一番。最初は形が悪くてもいい。半熟の卵が二つ折りにできたら､それがオムレツ。そのぐらいの気持ちで作り続けてください。そうすれば、いつか必ずオムレツ名人になれます！

○1人分
卵････2〜3個
塩････少々
こしょう････適量
バター････大さじ1
＊グリーンサラダ（→10・11ページ）を添えて。

1 ボウルに卵を割り入れ、菜箸を左右に動かしてコシをきる（菜箸でかき混ぜて卵液を回転させると、コシをきるというより泡立てに近くなってしまうので注意）。

2 こしょう（黒でも白でも）をふり入れ、塩少々を先につけた菜箸を1に入れて、再び左右に動かして塩を溶かす。

3 フライパンを中火で熱し、サラダ油（分量外）をなじませて油をきる。バターを入れて溶かし、全体に広げる（バターは少し焦がす程度が美味）。

4 強火にして、2の卵を一気に流し入れる。フライパンをこまめに動かしながら、菜箸で底から大きく混ぜて半熟にする。

5 半熟状態の卵を手前から持ち上げて、手前から向こう側へと菜箸で送る。

6 左手は軽くフライパンを持ったまま、右手のこぶしでフライパンの柄を軽くたたき、卵を手前に返すようにする。

7 形を整え、軽く焼き色をつける（フライパンを傾け、フライパンの立ち上がりを利用してオムレツを三日月形に整える。と同時に、火の当たりを強くして軽く焼き色をつける）。

8 右手を逆手にしてフライパンの柄を持ち、皿に返して受け取る。

「きれい」な料理がおいしい理由

青々とゆでた菜っ葉。シャキッと炒めたつややかなもやし。とりたての澄んだおだし。ピカッと輝く炊きたての白いご飯……。「きれいだな」と感じるものは、食べたときに間違いなくおいしい。そう思いませんか？

たとえばお刺身。みずみずしくて色がきれいなことは、いきがよくて新鮮である証拠です。そのうえ、切り口がすっきりとしてきれいであれば、見るからにおいしそうだし、とろんとなめらかな口当たりで実際うまいのです。

お刺身に限ったことではありません。きゅうりの薄切りでもキャベツのせん切りでも、切り口がスーッとしてきれいならば、口に入れたときになめらかでおいしい。逆に切れない包丁ででこぼこにたたき切ったようなキャベツは、口の中でざらついて味も冴えません。

もっと言えばこれは口当たりの問題だけではなくて、切り口がでこぼこだと表面積が広くなる分、酸化が早く、新鮮な素材でも味が落ちやすい――という化学的根拠もあるんです。

「きれい」なお料理というのは、「食べ頃」をとらえたお料理でもあります。カラリと揚がったきれいなキツネ色のあじフライをおいしそうに感じるのは、それが「食べ頃」を示しているから。目玉焼きの白身のまわりのチリチリも、食べておいしいと感じる火の通り方になっている合図だし、じっくり煮た大根のべっこう色も、味がそこまでしみているというしるし。自分の目で見て「きれいだな」と思ったときが、食べておいしい「食べ頃」なんです。

ところが、ゆでたての小松菜は緑が濃くてきれいだけれど、時間がたつと色が褪せてしまい、うまさも栄養価も損なわれてしまう。さらに時間をおけば、雑菌が繁殖して味が濁り、ついにはお料理が傷んでしまう……。

「きれい」なものも時間をおくと、きれいじゃなくなるんです。見た目も味も。だから作りたてのきれいなうち、おいしいうちに、家族に食べさせたいと思う気持ちは家庭料理で一番大切なことです。

日本では食べ物の「きれい」さが、昔からとても重要でした。ぐちゃっとくずしたり、ラフな感じのお料理のほうが気楽でよい、という風潮が昨今はありますし、もちろんくずしたものにはくずしたもののかっこよさもあります。しかしその一方で、「きれい」を尊ぶ心を誰もが持っていると思うんですよ。

たとえば豆腐は角が欠けてしまえば、とたんに価値が下がります。値段を安くしないと、もう売れません。そんなふうに「きちんと整った美しさ」に日本人は価値を見ます。四角いものは四角くおきたい、白いものは白く煮たいという美意識を私たちは持っています。それはきっと、自然を敬う心があるせいなのです。

日本は海に囲まれ、豊かな森を持ち、四季がめぐる国。そこに住むひとは太古から、海や川の幸、山や野の幸に恵まれてきました。旬のいきのいい魚や野菜が手に入れば、できるだけシンプルにそのままでいただきたいと思う。自然への尊敬の気持ちから、そう思うのです。自然のものは、なるべく味を濁らせずに食べるのがおいしいという感性と舌を私たちは持っています。自然の色が一番美しい、自然の香りやにおいが一番素晴らしいということを私たちは知っています。私たちにとって「きれい」とは、「自然」なこと。不自然でないことです。

だから家庭のお料理は、手の込んだものや目先の変わったものを、あれこれ頑張って作らなくていいのです。旬のみずみずしい大根が手に入ったら、それを油揚げと一緒にきれいなべっこう色に炊く一品が、メインのおかずであっていい。

ずっと作り続けるあたりまえのものを、きれいにおいしく作れるようになりたい。自然のもののよさをできるだけ活かす「きれい」なお料理、「きれいな味」をめざして、日々の食べ物を作りたい。

最初は上手にできなくても、同じお料理を何回も作り続けるうちに、必ずきれいに作れるようになります。すると、そこにおいしさが宿る。誰も言わないけれど、お料理とは実はそういうものなんですよ。「きれい」はおいしい、のです。

「きれい」な献立 | 野菜がメインの日

07 | ご飯 (→20ページ)

08 | 豆腐のみそ汁 (→21ページ)

11 | なすの田舎煮 (→26・28ページ)

19 | きゅうりとわかめの酢の物 (→46ページ)

旬の野菜を買ってきて、
おいしく炊いたんが、
メインのおかずであってもいい。

芯まで水を含んだ「洗い米」にしてから炊きます。

ご飯

米はといだら必ず、ざるに上げておきます。これは日本で昔からずっとされてきたこと。おいしいご飯を食べさせる定食屋さんや料亭の厨房で、ご飯炊き名人のお母さんの台所で、この光景は必ず見られるはずです。

ざるに上げるのは、何も水をきっているのではありません。米は乾物。とぐときに水に触れた瞬間から、乾いていた米が水分を含み始めます。ざるに上げている間にも、表面についた水が米の中へと浸透していくのです。芯まで水を含み、乾物であった米が〝もどった〟状態になるまでに、夏場なら30分、冬場なら1時間程度かかります。

なぜ、米を水に浸したままにしないかというと、まず第一に米が傷むからです。米は1時間ほど水につけると、もう発酵を始める。発酵しかけた米というのは、炊いたときにおいしくないんです。また、水につけっぱなしでは、米の表面と芯の部分で吸水の加減が違ってきます。

米が芯まで水を含んで、白っぽくなった状態を「洗い米」といいます。覚えておいてください。これが乾物だった米が〝もどった〟姿です。ご飯は必ず「洗い米」にしてから炊きます。うまみや甘みがたっぷりの、米本来の力を引き出すために。

○米2カップを炊く
米‥‥カップ2
水‥‥洗い米と同量（同体積）

1 米はとぐ。1回目の水はすぐに捨てる。水をきった状態でザーッザッザッとリズミカルにとぎ、水を加えてすすぐことを2回ほど繰り返す。

2 水を加え、サッと一混ぜしてすぐに水をきる。これを何回か繰り返してすすぐ。水が澄んできて、米を触る感触がキリッとし、ぬめりが取れていればとぎの完了。

3 米をざるに上げて浸水させる。このとき、水はけをよくするために、真ん中を少しあけてドーナツ状に広げるとよい（ざるをボウルやバットで受ける。乾燥させすぎもよくないので、気になるときはぬれぶきんでざるをおおうと理想的）。

4 表面が白っぽくなり、芯まで水を含んだ「洗い米」の状態になったら、もう一度洗い米をカップで計量しながら炊飯器の内釜に入れる。続いて、「洗い米」と同量（同体積）の水［→a］を加えて炊く（乾燥状態でカップ2だった米も、「洗い米」にすると水を含んで2～3割増しになっている。この「洗い米」と同量の水を加えて炊くのが基本）。

○「洗い米」をすぐに炊かないときは、ポリ袋に入れて［→b］冷蔵庫へ。2日ぐらいはこのままおいて問題なし。帰宅後すぐにご飯を炊きたいとき、来客にタイミングよくご飯を出したいとき、何かの都合で急にご飯を炊かなくなったときなどに、とても重宝。

○「洗い米」と同体積の水を加えて炊く――という基本は、どんな道具でご飯を炊くときでも同じ。炊飯器でも、土鍋でも、ル・クルーゼのような厚手ふたつき鍋でも、飯ごうでも。ちなみに屋外でご飯を炊くときは、ポリ袋入りの「洗い米」を持っていくとよい。

a

b

だし昆布、削り節を同時に煮出していいんです。

a

だし昆布、削り節を同時に煮出していい！

b

琥珀色になったら、手つきのざるでこす。

c

普段着のような家庭だしは、だしがらを軽く絞ってもかまわない。

家庭だし

みそ汁にも煮物にも使える万能なだしを「家庭だし」と呼ぶことにします。だしのとり方にはいろいろありますが、家庭料理でオールマイティに使える家庭だしのとり方を、まずは覚えてください。

家庭だしをとるのは簡単です。水、だし昆布、削り節を同時に鍋に入れて、〝中火弱〟の火加減で煮立てるだけでいいのです。なぜ中火弱かといえば……。

まず、昆布のためです。強火だと、昆布がふんわりと大きくなってうまみを出しきらないうちに、だしが煮立ってしまいますから。

そして、削り節のためでもあります。強火で煮立てると、削り節から素早く出るだしが火傷《やけど》をするような感じになり、風味が悪くなってしまいます。

ですから〝中火弱〟のやさしい火加減で煮てやる。そうすれば、澄んだ琥珀《こはく》色の「きれい」なだし汁がとれるのです。

〇できあがり＝約カップ3½
だし昆布････8〜10㎝角1枚
削り節････12〜15ｇ
水････カップ4

削り節12〜15ｇはこのぐらいの量。削り節は淡いピンク色をしたものが新鮮で風味よし。

1 鍋にだし昆布、削り節、分量の水を入れて、中火以下の火加減で静かに煮立てる［→a］。
2 気になるあくはすくい、きれいな琥珀色になったら火を止める。
3 手つきのざるでだし汁をこす［→b］（ていねいにこすなら、ざるにキッチンペーパーやふきんを敷いて）。家庭だしのだしがらは、玉じゃくしの背などで絞ってOK［→c］。

豆腐のみそ汁

〇4人分
家庭だし････カップ3½
豆腐････⅔丁（200ｇ）
油揚げ････1枚
青ねぎの細薄切り････少々
信州みそ････60ｇ

1 鍋に家庭だしを入れ、中火にかけて温める。
2 豆腐はさいの目に切り、油揚げは短冊に切って1に加える。
3 豆腐が温まったところで、鍋中のだし汁少々でみそを溶いて加える。
4 次にグラッと煮立ちかけたところで火を止め、青ねぎを散らし、椀に盛る。

09 | 青菜の煮浸し

からだも喜ぶ、きれいな青。
おいしいおだしと一緒に食べれば、毎日でも飽きない味。

10｜大根の炊いたん

べっこう色のふくよかな大根。
たっぷりのおだしで炊いた、これぞ日本のおかず。

煮上がりを急冷させて、「きれい」な色&味に。

a

青菜は下ゆでする。緑がきれいに煮上がるし、あくが抜けて味わいもすっきりと。

b

だし汁や調味料を煮立てたところへ、下ゆでした青菜を加え、サッと煮る。

青菜の煮浸し

青菜の煮浸しは、煮上がった鍋の底を氷水に当てて冷まします。こうすることで緑色が冴えるのです。

煮浸しに限らず、お料理を色鮮やかに保ちたいときや、煮物をたくさん作ったときなどは、煮物の鍋の底を氷水で急冷させることがあります。

お正月の筑前煮のように、お鍋に大量の煮物を作ってそのままにしておくと、余熱が利きすぎて冷めるのにとても時間がかかるでしょう？　これが問題なんです。料理がゆっくり冷めていく過程というのは、実は雑菌が繁殖する危険な温度帯。この温度帯の時間が長ければ長いほど雑菌が多く繁殖してしまい、料理が傷むという現象が起こる。たとえ、まだ傷んでいないとしても、雑菌が入り込んだ料理は味が濁ります。

つまり、料理の煮立てを急速に冷ますのは、「きれいな色」と「きれいな味」を作る大切なテクニックのひとつなんです。

○4人分

青菜（小松菜など）‥‥大1わ（280g）

油揚げ‥‥2枚

家庭だし（→21ページ）

‥‥カップ1½

薄口しょうゆ‥‥大さじ1

塩‥‥小さじ½

1　青菜はたっぷりの水につけ、根元を少しだけ切り落として十字に切り込みを入れ、さばきながらよく洗う。塩少々（分量外）を加えた熱湯で色よくゆで、冷水にとって冷ます［→a］（青菜が青々と冴えた色に変われば、すぐに引き上げて冷たいため水にとって冷ます）。

2　充分に冷えて、野菜の芯までちゃんと熱がとれたら、水けをよくよく絞ってから（よく絞らないと水臭い煮浸しになってしまう）、食べやすく切る。

3　油揚げは短冊に切る。

4　鍋に家庭だし、油揚げを入れて強火にかける。充分に沸騰したら、薄口しょうゆ、塩を加え、2の青菜を加える［→b］。

5　再び煮立ったら火を止め、鍋底を氷水に当てて急いで冷ます。粗熱がとれたら、だし汁ごと器に盛る。

○小松菜、ほうれんそう、水菜、壬生菜《みぶな》など、冬から春にかけておいしくなる青菜を買ってきたら、まず作りたいのが煮浸し。青い野菜は下ゆでしてからだし汁で煮ることで、緑がきれいに残り、味わいもすっきりとする。おだしごと器に盛り、おだしと一緒に食べるのが、煮浸しのおいしい食べ方。

下ゆで不要。だしを加えて強めの火加減で煮ていきます。

a

調味料は2回に分けて加えたほうが、味のなじみがよい。

b

一晩おいて冷ましたものは、できたてとはまた違うおいしさ。

大根の炊いたん

マーケットや八百屋さんの店先で、素晴らしい大根を見つけた。だから大根を煮よう、ということがまずは大事。つまり、煮物は〝素材ありき〞なんです。いきのいい旬の野菜で炊く煮物は、それはもう最高においしい。

下ゆでしないでじかに煮るのが、大根のうまさが一番ストレートに出ます。家庭料理では皮をむく必要もなし。皮つきのまま豪快に輪切りか半月切りにして、油揚げと一緒にたっぷりのおだしで炊く。それだけで黄金色のご馳走ができるんです。

大根のような煮くずれしないものは、ある程度きつい火で煮ていい。そのほうが味が濁らず、「きれいな味」に煮上がります。逆にあまり弱すぎる火で煮ると、煮汁の味が濁ってしまう。

ふっくらと煮上がった大根。炊きたてのアツアツをほおばるのもよいですが……冷蔵庫に一晩おいて味のじゅくじゅくとしみたのが、大根の炊いたんの本来のうまさなんですよ。

○4人分

大根････小1本（700〜800ｇ）
油揚げ････2枚
家庭だし（できあがりカップ9）
A ┃ だし昆布････10㎝角1枚
 ┃ 削り節････40ｇ
 ┃ 水････カップ10
砂糖････大さじ5
しょうゆ････大さじ5

1 大根は洗って、皮つきのまま2㎝ほどの厚さの輪切りか半月切りにする。油揚げは大きめの短冊切りに。ともに大きな鍋に入れる（たっぷりのだし汁で煮るのでできるだけ大きな鍋がいい）。
2 別の鍋にAを入れて弱めの中火で煮出し、カップ9の家庭だしをとる。
3 1の鍋に、2の家庭だしを手つきのざるでこしながら加える。火にかけて充分に煮立ったら、ふたをし、クツクツと穏やかに煮立つ程度の火加減（中火〜中火弱）で20分ほど煮る。
4 大根が透明になってきたところで砂糖としょうゆの½量を加える［→a］。さらに20分ほど煮て残りの調味料を加え、さらに20分煮る。
5 煮上がったら火を止めて、煮汁につけたまま粗熱をとり、味を充分に含ませる。

○そのまま食べてもよいが、冷蔵庫に一晩おいて味のしみたものも美味［→b］。

○煮る時間は大根の固さによって異なるので、途中で串など刺して様子を見る。

○大根が完全にかぶるほどの、たっぷりのだし汁で煮始める。大根に限らず、煮物をしていて、途中で煮汁が足りなくなったときは熱湯を加えるのがよい。だし汁や酒を途中で加えるのは、煮汁が重たい味になるので×。

11｜なすの田舎煮

じゅくっと、甘みのあるおだしが口の中に広がって。
絶対にまたリクエストの出る、地味なスター選手。

12｜小芋の含め煮

見た目はおすまし上品顔。ところが箸で割ると、
ほっこりと柔らかくくずれて、とろけるような舌触り。

だしを使わず、水で煮るんです。これが驚きのおいしさ。

へたの根元あたりに包丁を軽く当て、ぐるりと切り込みを入れる。と、ひらひらした固い部分がきれいに取れて〝おかっぱ〟になる。

食べやすく、味がしみやすいように、なすの皮目に斜めに1㎜間隔ぐらいの細かい切り込みを入れる。初心者でも案外上手にできるのでぜひトライして。

なすの田舎煮

煮物だからといって、必ずおだしを使わなければいけないということはありません。先に油で炒めてから煮るような場合は、充分なコクやうまみが出ますから、水で充分です。

しかもこのなすの田舎煮の場合など、たっぷりのなすを煮るのに使う水はたったの1カップ。これは、なすから出る水分を見越しているからで、なすから出る水分でなすを煮ていくのですから、おいしくないわけがありませんね。

見た目は地味ですが、これを食べたこの本の撮影スタッフが全員、まっさきに作ったのがこのなすの田舎煮だという、それほど人気のお料理なのです。ちなみに皮目に入れた細かい切り込み、「やってみたら案外うまくできた」という報告も多かったですよ。

○4人分
なす‥‥5〜6個（600g）
赤唐がらし‥‥2本
サラダ油‥‥大さじ3
水‥‥カップ1
砂糖‥‥大さじ1½
しょうゆ‥‥大さじ3

1 なすはへたの根元あたりにぐるりと切り込みを入れ、ひらひらしている部分を取り除く[→a]。縦半分に切り、皮目に（へたの部分にも）斜めに細かい切り込みを入れて[→b]、斜め半分に切る。赤唐がらしは種を取り、半分に切る。
2 なすをたっぷりの水に放ってあくを抜き（水に茶色っぽい色が出ればあくが出ている証拠）、ざるに上げて水けをきる。
3 鍋にサラダ油を入れて熱し、なすを（色止めのため）皮目を下にして入れる。全体に油がなじむまで強火でしっかり炒め、赤唐がらしを加える。
4 分量の水、砂糖を加え、煮立ったら（水でぬらした）落としぶたをして、強めの中火で4〜5分煮る（皮の色を少しでもとばさないようにするため、なすの皮目を下にして空気が触れないように煮る）。
5 しょうゆを加え、再び落としぶたをして、煮汁が⅓量になるまで中火で煮る。煮上がったら、そのまましばらくおいて味をなじませるか、冷やしていただく（冷ますときも皮目を下に向けた状態で）。

○季節によって固さが違うなす。固いときは煮る時間を長くして、あくまでも柔らかくなるまで煮上げることが大事。1カップの水は少ないように感じるけれど、これはなすから出る水分を計算してのこと。なすが固めで水分も少なそうなときは、水の分量を少し増やしてもよい。

下ゆでの段階で柔らかくしておくことが大事。

a

根つきを平らに切り落とし、芋の上部分（天）に包丁の刃のつけ根のほうを入れ、包丁を下へ一気に引くようにして皮を厚めにむく。

小芋の含め煮

昔のお母さんが芋を炊くのが上手だったのは、芋選びがうまかったからです。それほど、芋を煮るときというのは芋のコンディションが大事。芋があまりよくないと思ったら、煮物にしないで、みそ汁の実など違う方法で食べたほうがいいのです。

ふっくらとしたきれいな里芋が手に入ったら、含め煮を作りましょう。

きれいに皮をむいた芋は、米のとぎ汁で下ゆでをします。米のとぎ汁は沸点が高いので芋が柔らかくゆだり、さらに、とぎ汁に含まれる酵素の働きで芋が白くゆで上がるという利点があります。一番最初の濃いとぎ汁がよく、薄いときや、とぎ汁がなくて水でゆでるときは、米を少し入れてゆでるとよいでしょう。

さて重要なのは、下ゆでの段階で、串がなんの抵抗もなくスーッと入るぐらいに柔らかくしておくことです。ここで柔らかくしておかないと、もう、芋が柔らかくなるチャンスはないと思ってください。煮汁の中では芋は柔らかくならないのです。

柔らかくゆでてから、煮汁で煮て芋に味を入れます。中はくずれるほどに柔らかく、でも芋の形がちゃんとある、というギリギリの具合に煮えたら大成功です。

○4人分

里芋････10〜12個（700ｇ）

　米のとぎ汁････たっぷり

〈煮汁〉

　家庭だし（→21ページ）

　　････カップ3½

　薄口しょうゆ・砂糖・みりん

　　････各大さじ1

　塩････小さじ1

1　里芋は根つきを平らに切り落とし、天のほうから下へ、皮を厚めにむいていく[→a]（皮をむくときは途中で止めず、一気に。六方でも七方でも八方でもよい）。むいたものから、たっぷりの米のとぎ汁に入れる。

2　1の里芋を米のとぎ汁ごと鍋に移し、中火にかける。煮立ったら火を少し弱め（汁が微笑むぐらいの火加減）、里芋がすっかり柔らかくなるまで静かにゆでる（柔らかくなる前に芋の角がくずれそうだったら、火を止めてそっとおき、余熱で火を通す）。

3　2の里芋をため水にとり、さらに流水でとぎ汁を洗い流す（くずれやすいのですぐに流水に当てず、ため水でいったん冷ましてから流水に当てる）。

4　別の鍋に煮汁の材料を入れ、3の里芋を手でそっと移し入れる。中火にかけて煮立ったら、弱火（煮汁がふつふつと微笑むぐらいの火加減。あまり火が弱すぎると煮汁が濁る）で10分ほどゆっくりと煮る。

5　煮上がったら火を止めて煮汁につけたまま冷まし、味を充分に含ませる。

○一晩おいて充分に味のしみた芋もおいしい。

○初夏には青ゆずを散らして。目の粗いおろし金で青いところだけを削るように軽くすりおろし、芋にふりかける。冬なら黄ゆずをせん切りにして天盛りに。

13 | 肉豆腐

肉のうまみを吸った豆腐がたまらぬ美味。
「きれいな甘辛味」を覚えよう。

14 ｜ 筑前煮

土の香りがする根菜のヒットパレード。
しみじみおいしい、永久にすたれない味。

少ない煮汁で蒸し煮にするのがおいしい。

a

最初に牛肉の⅓量を炒めるのがコツ。カリッとするまでよく炒め、うまみを鍋全体に行き渡らせる。

b

あくをていねいに取るのも「きれいな味」作りの大きなポイント。

肉豆腐

肉豆腐や肉じゃがは、肉のうまみをほかの具材に移して、全体をおいしくいただこうという庶民派のおかずです。肉を使うのでだし汁は不要。酒と水で煮ていきますが、この煮汁にしても少ない量でよく、素材から出る水分を補う程度と考えてください。そうして蒸し煮のような感覚で作るのが、おいしい作り方なんです。

ポイントは、まず最初に少量の肉("犠牲肉"と私は呼んでいます)を炒めて、鍋全体に肉のうまみを移すこと。

その鍋に材料や水分を入れたら、落としぶたをして蒸し煮にします。このとき鍋にぎっしりと具材を入れて、かき混ぜたり鍋返しをしたりせず、動かさずに煮ることも重要です。

こうしたお料理はともすると見た目も味もぐっちゃりしがちですが、きちんと作れば「きれい」＝おいしそうに仕上がります。濃いめの甘辛味の中にも、どこかすっきりとした後味が残る。ご飯がすすむおかずです。ぜひ定番料理に加えてください。

○4人分

焼き豆腐････2丁(600g)
牛切り落とし肉････200g
玉ねぎ････大1個(約300g)
青ねぎ････2〜3本(100g)
〈煮汁〉
　酒・水････各カップ½
　砂糖････大さじ5
　しょうゆ････大さじ4
サラダ油････大さじ1
塩････1つまみ

1 焼き豆腐はやっこに切る。牛切り落とし肉は食べやすく切る。玉ねぎは2〜3㎝幅の半月切りに。青ねぎは4㎝長さに切る。

2 鍋にサラダ油を熱して、牛肉の⅓量を炒める[→a](これが"犠牲肉")。ついで玉ねぎを加えてなじませ、焼き豆腐と残りの肉を加える。

3 酒、分量の水を加え、一煮立ちさせてあくを取り[→b]、砂糖を加え、落としぶたをして弱火で10分ほど蒸し煮にする。

4 しょうゆを加え、再び落としぶたをして20分ほど弱火で煮る(火が強いと豆腐に"す"が入るので注意して)。

5 豆腐がおいしそうなしょうゆ色に染まったら、落としぶたを取って青ねぎと塩(味をととのえるため。しょうゆだと重たい味になるので塩がよい)を加え、2〜3分火にかけてなじませる。

少ない煮汁で煮て、根菜の歯ごたえを残します。

鶏肉が鍋にくっついたら、鍋底を固く絞ったぬれぶきんにのせて冷やすとよい。木べらで無理にはがそうとしないこと。

〝照り〟とは、油、砂糖、しょうゆがカラメル状になって材料にからまった状態。強火で煮汁を煮詰め、鍋返しをしてその〝照り〟を全体に行き渡らせる。

筑前煮

材料がかぶるぐらいのたっぷりの煮汁でも、もちろん筑前煮は作れます。しかし煮汁が多すぎると柔らかく煮えすぎて、根菜のせっかくの歯ごたえが失われてしまいます。コリッとした根菜の歯ごたえこそが、筑前煮の身上なのです。

上の写真は材料がすべて入り、だし汁と酒も入って「さぁ、これから煮ようかな」という鍋の状態です。ねっ、具材に対して水分量が少なくて、外からは見えないほどでしょう？

この煮汁の分量でよいのです。落としぶたをして、少ない煮汁が鍋全体に行き渡るようにしてやり、ほどよい固さに煮ていきます。最後には煮汁がなくなるまで強火で煮て照りを出せば、ピカッと光って、見た目も「きれい」な筑前煮のできあがりです。

○4人分

鶏もも肉‥‥200g
にんじん‥‥小1本（150g）
れんこん‥‥大1節（250g）
ごぼう‥‥½本（100g）
干ししいたけ‥‥4枚
こんにゃく‥‥1枚
〈煮汁〉
　家庭だし（→21ページ）
　　‥‥カップ1½
　酒‥‥カップ½
　砂糖‥‥大さじ5
　しょうゆ‥‥大さじ4½
サラダ油‥‥大さじ3

1　鶏肉は一口大に切る。にんじん、れんこんは皮をむき、ごぼうは皮をたわしで洗って、それぞれ乱切りにする（れんこんは切り口を上にして切っていく）。れんこん、ごぼうは水につけてあく抜きをする（あく抜きが充分でないと、煮上がったときに黒っぽくなるのでしっかりと）。

2　干ししいたけは水に浸して柔らかくもどし、軸を取って半分に切る。こんにゃくはスプーンで一口大にちぎり、下ゆでする。

3　鍋にサラダ油大さじ1を熱して鶏肉を入れ、表面の色が変わる程度に炒めて取り出す［→a］。

4　3の鍋にサラダ油大さじ2を熱し、ごぼう、れんこん、にんじんを強火で炒める。全体に油がなじんだらこんにゃくを加えて炒め、しいたけも加えて炒め鶏肉を戻し入れる。

5　煮汁の酒と家庭だしを加え、一煮立ちさせてあくを取る。火を少し弱めて砂糖を加え、落としぶたをして煮る。4〜5分煮たところでしょうゆを回し入れ（混ぜなくてよい）、再び落としぶたをして煮汁がほとんどなくなるまで煮る。

6　最後に火を強め、鍋返しをしながら煮汁がなくなるまで煮て、照りつやよく仕上げる［→b］。

○大量に煮るときは、煮上がりの鍋底を氷水に当てて急冷させる。熱がとれたら、器に盛るまでは鍋のままラップをかけて保存するのがよい。

たっぷりのバターの泡立ちで
包み込んで〝揚げる〟ように！

15 | 魚(鮭)のムニエル

ムニエルはとてもよいお料理。ご飯に合いますし、あまりおいしくない魚でもムニエルにするとおいしくなってしまうんですよ。えっ、好きじゃない？それは小学校の家庭科で作ったものやレストランで食べたムニエルが魚臭かったからじゃないですか。

魚臭くなってしまうのは、火力が強かったり、火にかける時間が長すぎて、ソテーする油が高温になりすぎるからです。油は高温になると酸化して傷みます。傷んだ油に魚から出た脂も混ざり合って、とても嫌なにおいの油で魚を焼き上げてしまう場合が多いのです。

それを避けるためにはコツがあります。まず、早く火が通るように魚を開いて身を薄くすること。油を高温にしすぎないために多めのバターを使い、柔らかなバターの泡立ちで揚げるようにソテーすること。バターが焦げそうなときは、途中でバターを加えて油の温度を下げてやること。これで見違えるほどおいしく作れるはずです。

今回は生鮭で作りましたが、太刀魚でも舌平目でもムニエルの基本は同じ。身が厚い魚で作るときは、バターを回しかけながら焼いたり、ふたをして蒸し焼きにするなどして火の通りをよくしてください。

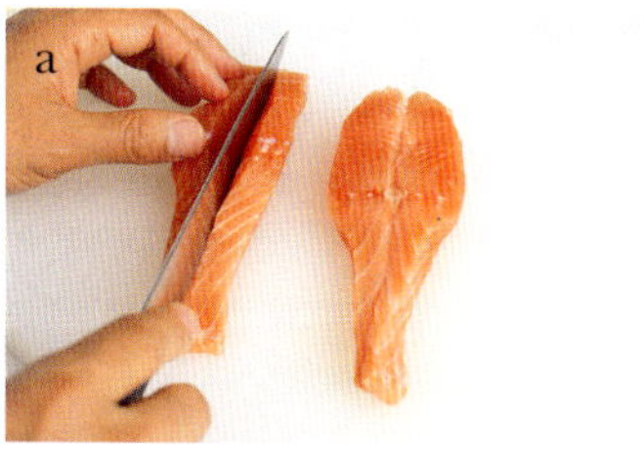

1 生鮭は皮を引き、皮も食べるのでとっておきます。身の厚みが半分になるように、厚みに切り目を入れて開きます[→a]。

2 身の片面に塩、こしょう適量をふります。次に薄力粉をしっかりまぶし、両手で魚をはさんでたたき、余分な粉をきちんと落とします[→b]。
粉は薄く身が透けるぐらいに。ほんのり薄化粧という感じです。粉のつけ方で仕上がりが軽くなり、カロリーも減ります。

3 フライパンにサラダ油少々を熱して皮(粉をふらなくてよい)を入れ、中火でカリッと香ばしく焼いて塩をふり、取り出します。

4 別のフライパンにバター(鮭2切れに対して30g)とサラダ油大さじ1を入れて、中火にかけます。バターが溶けて泡立ち始めたときに、上になる面を下にして魚を入れます[→c]。
一度使ったフライパンは熱をおびていますから、面倒でも別のフライパンを使うか、同じフライパンをきちんと洗って使うようにします。

5 たっぷりのバターの泡立ちで魚を揚げるように焼き、焼いている面が美しく色づいたら返します。この時点でバターが焦げそうだったら、バター適量を足して油の温度を下げてやります。バターをスプーンで魚にかけながら、もう片面も香ばしく焼きます。
両面に焼き色を求めると魚を焼きすぎになります。あとから焼く面はほんのり色づく程度に火を通せばよいでしょう。

さぁ、できあがり。次のページをごらんあれ！ →36・37ページへ。

しょうゆバターソース(2人分)

バター････30g
パセリのみじん切り････大さじ2
しょうゆ････大さじ1
レモンの絞り汁････½個分

ムニエルには、ご飯と相性のよいしょうゆ入りのソースがおすすめです。小鍋にバターを入れて中火で熱します。まずバターが泡立ち、さらに温度が上がると泡が沈んで少し色がついてきます。ここでパセリのみじん切りを投入。しょうゆ、レモンの絞り汁を加えれば完成です。

「きれい」な献立 | 魚がメインの日

15 | 魚(鮭)のムニエル (→34ページ)

カリッと焼いた皮を添え、しょうゆバターソース(→35ページ)をかけて召し上がれ。
つけ合わせは粉ふき芋(→50ページ)。
じゃが芋を四つ割りにして水から静かにゆで、柔らかくなったら湯を捨てる。
鍋を火にかけてから炒りし、水けをとばして、じゃが芋に塩、こしょうをふる。

07 | ご飯 (→20ページ)

| 小松菜のみそ汁

家庭だし(→21ページ)でみそ汁を作り、
ゆでた小松菜を3〜4cmに切って、実に。

今日は魚。
黄金色に焼いたムニエルは
白いご飯の恰好のおかず。

家庭料理の基本のおかず。
シンプルな焼き魚の名人になる。

16 | 魚（さわら）の塩焼き

今夜のおかずは何にしようかな、と思いながらマーケットに行くと、魚でも野菜でも、ピカッと輝いて目に飛び込んでくるものがありますね。なにか、強い生命力をみなぎらせているような——。そういう素材は必ず旬のものなのです。今まさにとれるピークを迎えているので、いきがよく、とれてから時間もあまりたっていないので新鮮。おまけに値段も安い。これをおかずにしなくて、何をおかずにしましょう？

新鮮な魚はやはり、シンプルな塩焼きがうまいです。魚を買ってきたら、必ずキッチンペーパーで水分をおさえておきます。トレイに入っているような切り身ならなおさらのこと。魚の臭みというのは水けが元なのです。すぐに使わないときでも、水けを拭き取ってから冷蔵庫に入れておきますと、この一手間でだいぶ差が出ます。

切り身でも一尾の魚でも、焼くときは必ず塩を当てます。魚に本当に塩を〝当てる〟のです。塩は魚のうまみを引き出す、魔法の結晶です。

あまり早くから塩をふると魚から水分が出て身を固くしてしまいますから、焼く直前に。もっとも、さんま、いわし、ぶりなどの脂ののった魚は、塩のまわりがよくないですから、焼く30分～1時間前に塩を当てるようにします。

では、さわらを香ばしくおいしく焼いてみましょう。

1 さわらはキッチンペーパーで水けを軽く拭き取り、バットや皿にのせます。

2 右手で軽く塩を握り、開いた左手に塩をぶつけるように当ててワンバウンドさせて、魚に塩を落とします［→a］。

このとき、皮目に多めに塩をふってやります。裏にも軽く塩をふります。

3 充分に温めておいた魚焼きグリルで、盛りつけるときに上になる面（皮目が広い面）を先に焼き、裏面もこんがりと焼きます。

焼き魚には大根おろしがつきもの。どうせ作るのだからと、私は大きなおろし金でたっぷりすりおろして、つけ合わせというよりもおかずの一品にカウントして食べています。

さわらの塩焼きをメインのおかずにして、ご飯をいただきましょう。→40・41ページへ。

大根おろし

昔ながらの大きなおろし金ですった大根おろしは、泡雪のようになめらかでやっぱり美味。大根は皮つきのまますりおろし（皮つきのほうが栄養価が高い）、バットなどで受ける。バットの下にはすべり止めにぬれぶきんを敷いて。

すりおろした大根は手つきのざるなどにあけ、余分な水けをきってから器に盛りつける。

「きれい」な献立｜魚がメインの日

16｜魚（さわら）の塩焼き（→38ページ）

大根おろしにしょうゆをたらし、
レモンやすだちなどの柑橘《かんきつ》類を焼きたてに絞りかけて食べると美味！

｜大根おろし（→39ページ）

どうせなら、たっぷりすりおろして一品にカウント。
これほどヘルシーでからだにいいおかずはない。

07｜ご飯（→20ページ）

｜わかめと油揚げのみそ汁

家庭だし（→21ページ）でみそ汁を作り、
もどして食べやすく切ったわかめ、短冊切りにした油揚げ、長ねぎの小口切りを実に。

17｜ひじきの五目煮（→42ページ）

旬の魚を塩焼きにして、
たっぷりの大根おろしと。
これぞ、家ごはんの幸せ。

17 | ひじきの五目煮

しょうがの香りがさわやか。
サラダみたいに軽やかな、今どきのひじき煮。

水で〝軽く〟炊き上げます。

a

ひじきは柔らかくもどるまで、たっぷりの水に浸す。

小鉢に少し盛られた濃い味の煮物……。一般的なひじき煮はこんなイメージではないでしょうか。しかし現代では常備菜的な煮物も、あまり味が濃すぎないほうがいい。軽くて野菜たっぷりのヘルシーなおかずに仕立てたほうがたくさん食べられるし、私たちの味覚にも合うから出番が多くなります。

ひじきからもほかの具材からもうまみが出るので、おだしではなく水で煮ます。これが〝軽い炊き上がり〟の第一の秘訣。おだし＝うまみと考えて、何にでもだしを入れたほうがおいしくなると考える人もいるようですが、過分なだしを加えれば料理は重たくなるばかりなのです。

また、昔は砂糖としょうゆだけで味をつけましたが、今どきのひじき煮はしょうゆを減らして、その分、塩を補うのがコツ。このほうが軽い味わいになり、ひじきそのもののうまさを味わえます。

○4人分

芽ひじき（乾物・長ひじきでもよい）
　····30g
しょうが····大1かけ（30g）
にんじん····⅓本（60g）
れんこん····½節（100g）
油揚げ····1枚
サラダ油····大さじ1
水····カップ2
砂糖····大さじ3
しょうゆ····大さじ2
塩····小さじ⅓

1 ひじきはザッと洗って、水に30分浸してもどし[→a]、水けをきる。

2 しょうがは洗って、せん切りにする（たっぷりのしょうがを入れるのがミソ。しょうがのさわやかさが味のアクセントになる）。にんじん、れんこんは皮をむいて2㎜厚さの半月切りにし、れんこんは水にさらす。油揚げは食べやすい長さの短冊に切る。

3 鍋にサラダ油を熱して、れんこん、にんじんの水けをきって強めの中火で炒める。油がなじんだら油揚げ、しょうがを加え、全体がなじんだらひじきを加えてざっくりと混ぜる。

4 水と砂糖を加え、沸騰するまでは混ぜながら強火で煮る。沸騰したら火を少し弱め、落としぶたをして5〜6分煮る。

5 しょうゆと塩を加えて落としぶたをし、煮汁がほとんどなくなるまでさらに10分ほど煮る。

○全体を通して、強火でサーッと煮ているような感覚。ちなみに煮物は、煮くずれしないものは強火で炊いてよい。逆に煮くずしたくない芋や、骨まで柔らかくしたいいわしなどは弱火でゆっくりと煮る。

18｜切り干し大根の煮物

噛みしめるたびに自然な甘さが口に広がる。
煮干しの風味で、いっそうひなびたおいしさに。

固めにもどし、煮詰めないでサラリと仕上げます。

a

ゴミを落とす程度に洗う。洗いすぎると、切り干し大根のおいしいところが流れてしまうので加減して。

b

ふつふつとやさしく煮立つ火加減で、落としぶたをして煮る。

切り干し大根はもどし加減、煮詰め加減で、料理の仕上がりがガラリと変わる素材です。柔らかくもどして多めの煮汁で長い時間煮れば、嚙む必要もないぐらいの柔らかい切り干し大根ができる。子供や病人食にはこれもよいのですが、私たちのふだんのおかずには、固めにもどして、サラリと仕上げたほうがおいしく感じるようです。

切り干し大根を水に20分ほどつけてもどすと、もどし汁にもよいだしが出ますから、このだし汁で炊いていきます。このとき煮干しを加えるのがポイント。植物性のだし（切り干し大根のもどし汁）に、煮干しから出る動物性のだしが加わり、うまみが倍増するのです。

強めの火加減で、煮汁が⅓量になるまでサーッと煮ればできあがり。煮干しも一緒にいただける、これもまたきわめて健康的な一品です。

○4人分

切り干し大根‥‥40ｇ
切り干し大根のもどし汁
　‥‥カップ2½
油揚げ‥‥2枚
煮干し‥‥2〜4尾（10ｇ）
赤唐がらし‥‥2本
砂糖‥‥大さじ3
しょうゆ‥‥大さじ2½

切り干し大根、油揚げ、煮干し、切り干し大根のもどし汁。煮上がりの自然な甘さを想像させる、やさしい色合いの具材。唐がらしのピリッとした赤が味を引き締める。

1　切り干し大根はため水の中で洗う［→a］。水カップ3〜4に20分ほどつけて、少し固めにもどす。

2　切り干し大根の水けを絞って、食べやすく切る。もどし汁はとっておく。

3　油揚げは1㎝幅の短冊切りにする。煮干しは頭と内臓を取り除く。赤唐がらしは種を抜いて粗く切る。

4　鍋に2の切り干し大根ともどし汁、油揚げ、煮干し、赤唐がらしを入れて強火にかける。煮立ったらあくを取り、砂糖を加えて、落としぶたをして中火で5分煮る［→b］。

5　落としぶたを取り、しょうゆを加え、煮汁が約⅓量になるまで強めの中火で煮る。

○炊き上がった切り干し大根を器に盛るときは、一番上に赤唐がらしをのせて。こんなふうに料理の上に薬味やごまなどを少しのせることを〝天盛り〟という。〝天盛り〟は見た目のきれいさのためだけでなく、食べるひとに「これは赤唐がらしを使ったお料理ですよ」「まだ誰も手をつけていないですよ」と知らせる意味もある。

19｜きゅうりとわかめの酢の物

〝日本のサラダ〟の超定番。
献立にもからだにも酸味はうれしい。

きゅうりもみを覚えてください。

a

塩でしんなりとさせたきゅうりは、さらしのふきんで包んで水けを絞る。手でじかに絞ってもOK。

b

いただく直前まで冷蔵庫で冷やしておき、直前に三杯酢とあえる。先にあえて冷やすのとでは、フレッシュなおいしさがまるで違う。

献立に酸っぱいものが欲しいな、というとき。疲れているから酸っぱいものが食べたいな、と思うとき。一番素直に頭に浮かぶのが酢の物ではないでしょうか。つまり酢の物は献立の上でも、体調のためにも、バランスをとってくれるありがたいお料理なんです。上手に作れるようになれば百人力です。

王道中の王道、きゅうりとわかめの酢の物をマスターしましょう。何はともあれ、きゅうりもみを覚えてください。きゅうりの余分な水分を抜き、しゃきしゃきとした歯ごたえを際立たせる日本料理の伝統的な技です。きゅうりもみをせずに、ただ切っただけのきゅうりで作った酢の物なんて、水っぽくてとても食べられたものではありませんよ。

きゅうりは薄い小口切りにして、塩をふり、しばらくおきます。そのまま食べてもおいしいと感じるぐらいの塩の量がよく、〝しばらく〟とはどのくらいかといえば、きゅうりがパリッと折れなくなるぐらいです。この状態になったら、さらしのふきん（→62ページ）で包んで水けをギュッと絞る。手で絞ってもよいですが、ふきんのほうがよく絞れ、様子も仕上がりも「きれい」です。

○4人分

きゅうり・・・・2本

わかめ（もどしたもの）・・・・60 g

しらす（ちりめんじゃこでもよい）

・・・・20 g

〈三杯酢（作りやすい分量）〉

酢・・・・カップ½

砂糖・・・・大さじ1½

塩・薄口しょうゆ

・・・・各小さじ½

1 きゅうりは薄い小口切りにして、塩を小さじ½〜1ほど（分量外）ふりかけてしばらくおく。しんなりしてきたら味をみて、辛い場合は水で洗う。さらしのふきんできゅうりを包み、ギュッと水けを絞る［→a］（ふきんを開いたとき、きゅうりがボール状になっていれば、きゅうりもみが上手にできた証拠）。

2 わかめは水分を拭き取って食べやすく切る。

3 ボウルに三杯酢の材料を合わせ、砂糖と塩をよく溶かす。

4 別のボウルに1のきゅうり、わかめ、しらすを入れ、三杯酢のボウルともどもラップをかけて［→b］冷蔵庫で冷やす。

5 いただく直前に、冷やしておいた三杯酢の½量であえ、器に盛りつける。

○酢の物は小鉢料理のイメージがあるけれど、どうせなら多めに作ってサラダ代わりに食べたい。三杯酢も冷蔵保存が利くので多めに作ると便利。

○盛りつけるとき、具材のしらすを上に多めにのせて〝天盛り〟の代わりにしても。ただ盛るよりもお料理がはえる。

○ちりめんじゃこを使う場合、ちりめんじゃこが固いときは湯をかけて柔らかくする。もちろん、たこや貝を具材にしてもよい。

20 | ポテトサラダ

ご飯にもパンにもビールのあてにも。
女のひとにも子供にもお父さんにも!

「きれい」な献立 | あじフライ+ポテサラ定食の日

02 | あじフライ (→6・8・9ページ)

01 | せん切りキャベツ (→4ページ)

20 | ポテトサラダ (→50・51ページ)

パセリのみじん切りを散らして。

07 | ご飯 (→20ページ)

赤じそのふりかけをふる。

| しいたけと三つ葉のみそ汁

家庭だし(→21ページ)でみそ汁を作り、
しいたけの薄切りと三つ葉を実に。

ポテトサラダの名人になってください。
なぜなら、お料理の基本中の基本が詰まっているんです。

ポテトサラダ

ポテトサラダみたいなものが上手に作れるって、なんだかかっこいいと思いませんか。ところが庶民的な顔をしているのに、ポテトサラダは案外、手間がかかるお料理。しかも「きゅうりもみ」「さらし玉ねぎ」「粉《こ》ふき芋」など、実はお料理の基本中の基本のオンパレードなんです。つまり逆をいえば、ポテトサラダがうまく作れれば、お料理の基本も身についているということ。

何回でも繰り返し作ってください。そして、とびきりおいしいポテトサラダを家族や友達や恋人に食べさせてあげてくださいね。

○4人分

じゃが芋‥‥3〜4個（400g）
玉ねぎ‥‥小½個（100g）
きゅうり‥‥1本
にんじん‥‥⅓本（60g）
ロースハム‥‥4枚（60g）
卵‥‥2個
マヨネーズ‥‥100g
レモンの絞り汁‥‥½個分
塩・こしょう‥‥各適量

じゃが芋を「粉ふき芋」にします。

1　じゃが芋は皮をむいて3〜4等分に切り、かぶるぐらいの水を加えて火にかける（皮をむいて切ってゆでたほうが、丸ごとゆでるよりも煮くずれしにくく、むしろ水っぽくならない）。
2　湯が沸騰したら弱火にし、串を刺してみて「柔らかい！」と感じるまでゆでる。
3　ゆで汁を捨て、再び火にかけて、少し粉をふく程度に軽く水けをとばす[→a]。
4　大きめのボウルに入れ、木べらで粗くつぶす。

a

「さらし玉ねぎ」を作ります。

1　玉ねぎはみじん切りにして、固く絞ったさらしのふきん（→62ページ）にのせ、塩を小さじ1ほど入れてなじませる[→右ページ上へ・a]。
2　てるてる坊主のように口をキュッと絞って持ち、坊主の頭を指の腹でやさしくもむ[→b]。
3　しばらくすると玉ねぎのぬめりが出てくるので、さらしに包んだまま、水の中でもみ洗いしてぬめりを落とす。このとき、ふきんを少しゆるめて、玉ねぎの塩味も少し洗い流すようにし[→c]、再び固く絞る[→d]。
4　さらしを開くと、透き通ったボール状の玉ねぎが登場[→e]。これが、臭みがほどよく抜けて食べやすくなった「さらし玉ねぎ」。
○これが本当の「さらし玉ねぎ」。ただ塩水や酢水につけて絞ったのとは別物。ドレッシングやタルタルソースを作るときなども、この方法で玉ねぎのえぐみを抜く。

a

b

c

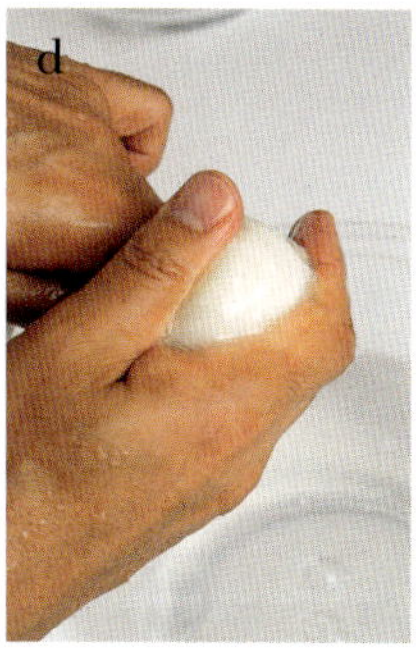
d

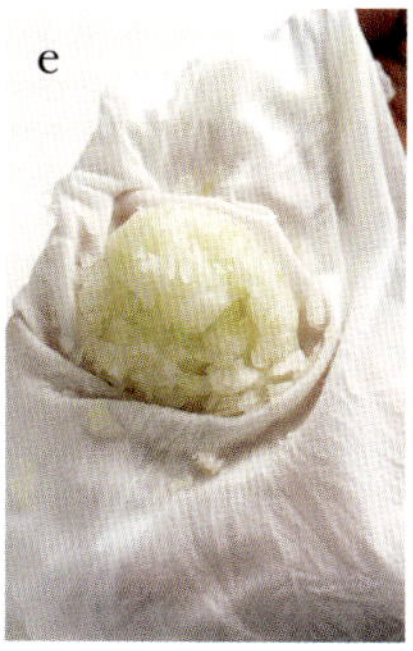
e

「きゅうりもみ」を作ります（→47ページ）。

1　きゅうりは小口に切りにして、さらしのふきんにのせて、2%の塩（きゅうり1本に対して小さじ½程度。感覚的には〝あとで塩を洗い落とさなくてもよいぐらいの塩分〟）をふり、しばらくおく。

2　きゅうりがしんなりしたら、ふきんで包んで両手でギュッと水けを絞る。ふきんを開いたときにきゅうりが青々とし、ボール状に丸くまとまっていれば上手にできた証拠。

ほかの具材の下ごしらえをします。

1　にんじんは薄いいちょう切りにし、熱湯でサッとゆでて水けをきる。

2　ロースハムは短冊に切る。

3　卵は水からゆで、煮立ってから8分ゆでて水にとり、冷ます。殻をむいてエッグカッターで細かく切る。

全体をさっくりとあえます。

粉ふき芋のボウルに、さらし玉ねぎ、きゅうりもみ、にんじん、ハム、ゆで卵を加えて、マヨネーズ、レモンの絞り汁、塩、こしょうでさっくりとあえる。

混ぜすぎない。それが「きれいな味」を作るコツです。

混ぜるのは、下から上へさっくりと、数回（3〜4回）返す程度でいいんですよ。物足りないような気がするかもしれないけれど、それでいいんです。全体がしっかり混ざっている必要はないです。器に盛るときにまた混ざるわけだし、大鉢に盛りつけたものをめいめいが皿に取るときにまた混ざりますし。

それに完全に混ざらず、具材のそれぞれの色や形や味わいが残っていたほうが、お料理というのはすっきりとしておいしい。これはポテトサラダに限ったことではありません。あえ物でも炒め物でも煮物でも、ぐちゃぐちゃと〝混ぜすぎない〟こと。簡単な話ですが、これこそが「きれいな味」を作る一番の秘訣なんです。

シャキッと歯切れよく、おいしく炒める極意。

21 | もやし炒め（野菜の単品炒め）

もやしにしろ、ほうれんそうなどの青菜にしろ、シャキッと上手に炒めたシンプルな野菜炒めは本当においしい。これだけでご飯が食べられると思うほどです。

しかしお店では、こんなお料理ではお金がいただけませんから、肉を加えたり、具がいろいろ入った五目炒めになったりします。家庭でも、肉などと一緒に炒めたほうがメインのおかずになると考えられがちです。

ところが複数の材料の炒め物というのは、それぞれの具材の火の通り方が違いますし、実は高度なテクニックを要するものです。それに具材が多くなれば、ただ「炒め物を食べた」という印象が残るのみで、せっかく旬のおいしい野菜を使っても、そのお料理の〝主役〟が何であるか、焦点がぼやけてしまいます。そこで、野菜の単品炒めをおすすめしたいのです。家庭でしか食べられない、最高のおかずですよ。

まずはもやし炒めを作ってみましょう。もやしの歯切れを残しつつ、もやし特有のくせが抜けるほどしっかり炒めるのは、なかなか難しいもの。家庭のガス台の火力や、フッ素樹脂加工のフライパンでもおいしく作れるようにと考えたのが、この手早く炒める方法です。

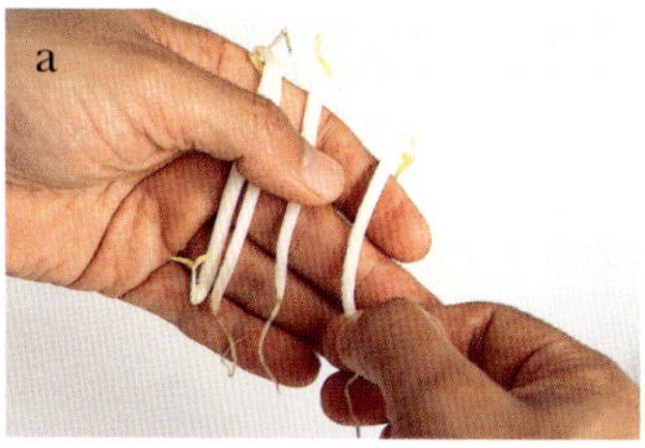
a

b

c

d

1 もやし1袋（約200 g）は面倒でもひげ根を取ってください［→a］。
ぜひともひげ根を取ってください。この一手間で1袋100円のもやしが、1皿1000円つけたいような高級料理に格上げされるのですから。

2 もやしは洗って、ざるに上げます。

3 同時に、フッ素樹脂加工のフライパン（もちろん鉄のフライパンでも可）にごま油大さじ1をひき、熱する。油が熱くなったら、塩小さじ⅓を加えます［→b］。

4 もやしの水けをザッときったら、すぐに3のフライパンに入れ、強火で炒めます［→c］。水分が足りないときは、指先に水をつけてフライパンにパパッとふり入れ、手早く炒めます［→d］。
洗ったもやしに、塩を加えた熱いごま油をまとわせるような感覚で一気に炒め上げます。

ほうれんそう、小松菜、菜の花、ターツァイなどの青菜も、下ゆでをせずにじかに炒めてOKです。野菜を洗ったらザッと水けをきる程度にし、しっかり水けをきりすぎないようにして、塩を加えた熱い油の中に入れます。そうして野菜についた水滴が勢いよく蒸発する、そのスチーム効果も利用して短時間で手早く炒めるのです。

いずれにしてもフライパンの温度が下がると、炒め物がべちゃっとしてしまいますから、野菜は一度にあまり多すぎない量を炒めるようにします。

22｜ゴーヤーチャンプルー

キリッとおいしい炒め物。
うちのレシピはこれ、と誇りたい。

23｜キャベツと豚肉の辛みみそ炒め

相性バッグンのピリ辛おかず。
コクのある味、ご飯がすすむ！

具材を別々に炒めて、最後に炒め合わせます。

豆腐、ゴーヤーを別々に炒め、それぞれに軽く塩で味をつける。

豆腐もゴーヤーも豚肉も、炒めるというよりも、強めの火でカリッと香ばしく焼くような感覚。

ゴーヤーチャンプルー

炒め物がシャキッと仕上がらないのは、多種類の具材を一度に炒めているからです。火の通りの異なる材料を同時に炒めようとすれば、固いものが柔らかくなるのを待たねばならず、ほかの材料が焦げないように、弱めの火でだらだらと炒め続けることになります。すると、先に火の通った素材から水分が出て、べちょっとしてしまうのです。

また、火通りの悪いものから先に入れて、具材を時間差で加えていく炒め方もありますね。しかし、フライパンの中身が増えれば、あとから加えた素材を香ばしく炒めるのが難しい。

複数の具材を炒め合わせるときには、1種類ずつきちっと香ばしくおいしく炒めて、塩で軽く下味をつけ、いったん取り出す。そして最後に全体を合わせる、という手順をふむのが正解です。

ゴーヤーチャンプルーもこのやり方なら、ゴーヤーのみずみずしさ、豆腐の甘さ、肉のうまみといった素材それぞれの持ち味がキリッと表に出てきます。「今まで食べていたゴーヤーチャンプルーはいったい何だったのか……」と思ってしまうぐらい、味に歴然と差が出ますよ。

◯4人分

ゴーヤー・・・・1本（280 g）

豚肩ロース肉（しょうが焼き用）

・・・・120 g

しょうゆ・・・・大さじ1

木綿豆腐・・・・1丁（300 g）

卵・・・・2個

塩・黒こしょう・・・・各適量

サラダ油・・・・大さじ2½強

1 ゴーヤーは縦に二つ割りにして（スプーンなどで）種を取り、3㎜厚さに切る。豚肉は5㎜幅に切って、しょうゆをもみ込む。卵は溶く。

2 フライパンにサラダ油大さじ1½を熱し、豆腐（水きりをしてもよい）を大きくくずしながら広げて入れ、塩少々をふる[→a]。強火で表面をカリッと焼き[→b]、焼き色がついたら、いったん皿などに取り出す。

3 フライパンにサラダ油大さじ1を補い、ゴーヤーを入れて塩少々をまぶす。強火で焼き色をつけて、これもいったん取り出す。

4 フライパンにサラダ油少々を補い、豚肉を入れてさばいて広げ、強火で炒めて黒こしょうをふる。八分通り火が通ったところで、ゴーヤーと豆腐を戻し入れて全体を炒め合わせる。

5 菜箸に伝わらせながら溶き卵を回し入れ、軽く火を通す。

◯下味のついた豚肉以外の素材は、炒めるときにそのつど塩をふって7割くらい味をつける。最後に下味のついた豚肉を加えて、味が完成するという計算。

2種炒めも、別々に炒めて合わせるのがルール。

a 肉を広げて炒める。焼き色がついたら裏返し、まだ赤身が少し残っている程度で豆板醤などを加える。

b 7〜8割がた火を通しておいたキャベツを最後に戻し入れ、肉を炒め合わせる。これでキャベツがベストな柔らかさの火通りに。

キャベツと豚肉の辛みみそ炒め

キャベツと豚肉という、黄金の組み合わせ。ご飯がすすんでしょうがないおかずです。特に男のひとに人気がありますね。こんなふうに2種類の素材を炒め合わせるときも、単品ずつを炒めて、最後に炒め合わせる手順をふんでください。

歯ごたえを楽しみたいキャベツは、最終的に柔らかくなりすぎないように、7〜8割がた火を通したところで取り出します。豚肉も両面をカリカリに炒めてしまうのではなく、片面にはまだ少し赤身が残っているような状態で味つけに入り、キャベツを戻し入れて一気に炒め合わせます。

お皿に盛ったときに、ふわっと香りが立ち上るような〝ふっくらとした炒め物〟をめざしてくださいね。

○4人分

キャベツ‥‥250 g

豚ばら薄切り肉‥‥150 g

A しょうゆ・酒‥‥各大さじ1
　こしょう‥‥適量
　片栗粉‥‥大さじ1

豆板醤《トウバンジャン》‥‥小さじ1

甜麺醤《テンメンジャン》‥‥50 g

＊田楽みそ（欄外参照）で代用可能

サラダ油‥‥大さじ3

塩‥‥適量

1 豚ばら肉は2〜3㎝幅に切り、Aをもみ込んで下味をつける。キャベツは食べやすい大きさのざく切りにする。

2 フライパンか中華鍋にサラダ油大さじ1を熱し、キャベツを入れて強火で炒める。手に水をつけてパッとふり入れ（差し水）、軽く塩（小さじ⅓程度）をふり、7〜8割がた火を通して（パリッとした感じが残っている程度で）取り出す。

3 鍋にサラダ油大さじ2を補い、豚肉を入れて菜箸でさばいて広げる。強火で片面に赤身が少し残る程度に炒め［→a］（この時点で両面にしっかり焼き色をつけてしまうと、肉がパサパサになる）、豆板醤を加えて炒りつけ、次に甜麺醤を加えて炒りからめる。

4 キャベツを戻し入れ［→b］、大きくあおって混ぜ合わせる。

田楽みそ

なるべくなら、味が決まりきっている市販の調味料ばかりに頼りたくない……。「きれい」なお料理、「きれいな味」を求めるひとは、次第にそんな気持ちになっていくようです。身近な調味料で作れる田楽みそは、ふろふき大根やこんにゃくの田楽にはもちろん、甜麺醤の代用にもなる調味料。余裕があれば手作りしてみてください。

作り方

赤だしみそ150 g、砂糖50 g、みりん大さじ2、水カップ⅓を鍋に入れ、混ぜ合わせてから火にかける。煮立ったら弱火にし、木べらで混ぜながらとろりとするまで練り、火を止める。

野菜をご馳走にしてくれる
すてきなお料理。

「きれい」な献立｜精進揚げ＋そうめんの日

24｜精進揚げ (→60・61ページ)

25｜天つゆ (→61ページ)

めんつゆも兼ねていただく。

｜そうめん

乾麺をゆでて氷水でキュッと締める。
皮をむいてコロンと切ったきゅうりを
サッとゆがいて、そうめんに添える。

〝几帳面にやらない〟とうまくいくんです。

精進揚げ

苦手意識を持つひともいるようですが、天ぷらはコツさえ覚えてしまえば、とても重宝なお料理です。野菜だけでもボリュームが出るし、ご馳走めくし、第一おいしい。お客様をもてなすときにも向きますね。

市販の天ぷら粉を使えばカリカリにできますが、あれは粉類の配合で油をたっぷり吸うようにできているので、カロリーが高くなります。それに重たい感じもします。難しいものではありませんから、衣はぜひとも自分で作ってください。

天ぷらを上手に揚げるコツは〝几帳面にやらない〟こと。衣に粉が粉のまま残っていても気にしない。卵水の氷が溶けていなくても気にしない。具材に衣がきっちりついていなくても気にしない……。〝几帳面にやらない〟ほうがいい、理由がちゃんとあるんです。作り方を追ってご説明しましょう。

○4人分
なす・れんこん・さつま芋など好みの野菜（ごぼう・しいたけ・しし唐・
かぼちゃ・玉ねぎなど）・・・・各適量
衣
薄力粉・・・・カップ1（100g）
＊よりていねいに作るなら薄力粉はふるう。
卵水（卵1個＋氷水）・・・・160mℓ
揚げ油・薄力粉・・・・各適量

野菜を用意します。

野菜は1種類でも、好みのものを数種類取り合わせても。今回はなす、れんこん、さつま芋の3種を用意。なすは1cm厚さの輪切りにする。れんこんは皮をむき、さつま芋は皮つきのままそれぞれ8mm厚さの輪切りにして、れんこんとさつま芋は水にとってあくを取る。

衣を作ります。

1　カップに卵を割り入れ、氷水を足して160mℓにする[→a]。
2　薄力粉に1を一気に加え、泡立て器でざっくり混ぜる[→b]。粉が粉のまま残っている状態でよい。粉っぽさをあえて残すのも、氷水を使うのも、小麦粉のグルテンをおさえて粘らないようにするため。

a

b

c

d

e

揚げます。

1 フライパンの深さの半分ぐらいまで揚げ油を注ぎ、強めの中火で熱する。

2 水けのついていない菜箸で油をかき混ぜて、全体の温度を均一にする[→c]。精進揚げは低い温度(165℃)でじっくり揚げる。菜箸から静かに泡が出てくるようであれば、おおよそ適温になった証拠。

3 野菜を1種類ずつ、衣をつけながら揚げていく。衣のつきがよいように薄力粉を軽くまぶし、衣をちょんとつける。
このとき、まぶす薄力粉も衣も、具材の全体にしっかりとついている必要はなし。薄づきのほうが野菜本来のうまみが味わえる。また、油に入れるときに衣がサッと流れて、でこぼこについた衣ができあがりの〝景色〟となる。

4 衣をつけたらすぐに油の中に入れる[→d]。手前から入れてシューッと泳がすようにするとよい[→e]。具材を入れると油の温度が下がるので、強火にする。

5 揚げている間にパチパチと音がして温度が上がりすぎたと感じたら、火を弱めて調節しながら野菜を気長に揚げていく。少し色づいて、菜箸に当たる感触がカリッとしてきたら引き上げどき。

6 直径24cm程度のフライパンなら一度に5〜6枚を揚げるようにし、野菜に衣をつけながら次々に揚げていく。途中で油が少なくなったら、新しい油を補う。揚げた天ぷらは網にのせ、油をきってから器に盛る。

天ぷらを揚げて残った衣で、天かすを作っておくのもおすすめです。衣を菜箸4本の先につけ、160℃の揚げ油の鍋の縁に菜箸を当て、油の中にふり落とすようにする。しっかり火を通して色づいたら網に上げ、熱がとれてからポリ袋などに入れて冷蔵庫で保存します。自家製の天かすはサクッとしてとても美味。たぬきうどんやみそ汁の実に重宝しますよ。

天つゆ

天つゆは簡単。材料を鍋に一度に入れて、中火以下の火加減で一煮立ちさせ、さらしのふきんでこすだけです。そうめんなどのつゆとして兼用もできます。たっぷりの大根おろしと一緒にどうぞ。

○4人分
水‥‥カップ1
しょうゆ・みりん‥‥各カップ¼
＊水4：しょうゆ1：みりん1の割合。
だし昆布‥‥5cm角1枚
削り節‥‥5g

1 鍋に材料をすべて入れて、中火以下の火加減で一煮立ちさせる。

2 さらしのふきん(→62ページ)でこす。

3 ふきんの両端をつまみ、だしがらをギュッと絞る。

「きれい」を作る基本の道具

見た目も味も「きれい」なお料理を作るには、道具の扱い方も大事。毎日のことですから、基本中の基本をおさらいしておきましょう。

○包丁

家庭で使うには、まずは「万能包丁」と呼ばれるもの1本があれば充分です。それプラス、レモンを輪切りにしたり、プチトマトを切るときに使うペティナイフがあるといい。

日本のお料理は素材を大切にしますが、それは素材を清潔に扱うことから始まります。大切な素材に雑菌をつけないようにする、ということです。

そのために、調理前には必ず手を洗います。そして包丁を持つ手が右手であれば、左手で素材に触れ、右手では絶対に素材に触れません。右手まで汚してしまうと包丁の柄が汚れ、そこから雑菌が散らばっていくからです。右手と左手の役割を決めて、2つの手を使い分けることが大切なんです。慣れないと最初は難しいかもしれないですが、意識して行ってみてください。

○まな板

肉や魚用、野菜用と分けておくのが理想ですが、必ずしも2枚持つ必要はありません。1枚でも裏表を使い分けたり、野菜を切ってから肉を切る、というふうに手順を考えながら使えばいいんです。それと、普通のまな板に加えて、においのあるものや生ものは切らない小ぶりのまな板を持っていると重宝ですね。お菓子や果物を切るときのために。まな板は家庭では軽いもののほうが扱いやすいと思います。切るときに動かないように、ぬれぶきんを下に敷き、その上にまな板をのせて使ってください。

私は魚などを扱うとき以外に、調理中にまな板を洗うことをあまりしません。その代わり、いつも傍らに清潔なふきんを置いておき、使ったまな板や包丁をふきんで拭いて次の作業をするんです。これはプロの料理人もやっていることですが、家庭でもおすすめです。何かを切るたびにまな板や包丁を洗っていたのでは手間ですし、まな板がびしょびしょになって、むしろ不衛生になりますから。

使い終わったまな板は、洗剤をつけたたわし（が一番きれいになります）でゴシゴシときれいに洗い、充分に乾かします。

○ふきん

調理中にふきんは欠かせません。私が使っているのはタオル地の普通の料理ぶきんです（写真右上の重なった2枚のうちの下のほう）。

ふきんは必ず使う前に水を含ませて固く絞ります。そして、まずは使う前のまな板を拭き、包丁も拭きます。こうしてから、まな板の上に素材を置いて切るのです。ぬれぶきんで拭くことをしなければ、まな板や包丁に素材の色やにおいがダイレクトに移ってしまいます。ふきんで拭いて、水の薄いヴェールで覆うことで、それをカバーできるわけですね。

まな板の項でも触れましたが、調理中もふきんを傍らに置いておき、材料を切るごとにまな板や包丁を拭きながら作業を進めます。

お魚や肉などのにおいのあるものを調理するときは、やはりタオル地のふきんで黄色いもの（写真右上の左）を専用にして使っています。いくらていねいに洗っても素材のにおいというのは落ちにくいですから、色で判別して専用を決めておいたほうがいいのです。

もう1つ、調理に欠かせないのがさらしのふきん（写真右上の重なった2枚の上にあるもの）です。これも使う前には必ずぬらして絞ります。

用途は……。だし汁をていねいにこす。さらし玉ねぎを作る。きゅうりの塩もみを絞る。豆腐の水きりをする。野菜などの水分を拭き取る。おむすびを握る。薄焼き卵にかけて乾かないようにする。オムレツの形を整える……。さらしのふきんは、まさに万能選手。清潔なさらしのふきんがあることで、手順がスムーズになり、「きれい」なお料理を作ることができるのです。

さらしは呉服店で10mほどの巻物で売られているものを求め（インターネットでも購入できます）、正方形に近い形に切って使います。仕事柄、私は見栄えがいいように端をかがっていますが、むしろ切りっぱなしで使ったほうが乾きがよくて便利です。

タオル地のふきんも、さらしのふきんも、使うたびにその場でサッと洗って干せばいいんです（魚用の黄色いふきんは単独で手洗いをします）。特ににおいがついたようなとき以外は洗剤も不要。そしてたまに熱湯で煮沸消毒すれば、衛生面でも安心です。

26｜錦糸卵

料理を「きれい」に見せてくれる
金色の薄いふんわり卵。

薄焼き卵も、それを細く切った錦糸卵も、日本料理に欠かせないアイテムです。卵のおいしさだけでなく、見た目の「きれい」さ、華やかさ、楽しさをお料理に与えてくれる宝石のようなもの。薄く上手に作れるようになると、それだけでお料理の腕が上がった気分になれますよ。

ここはひとつ、焼き方をていねいに紹介したいと思います。

○作りやすい分量

卵・・・・2個

卵黄・・・・1個分

塩・・・・少々

サラダ油・・・・少々

○使う道具

フッ素樹脂加工のフライパン（または鉄の卵焼き鍋）・ガーゼ・杉板または巻きす・さらしのふきん（→62ページ）・菜箸

杉板

1枚持っていると便利な杉板。薄焼き卵やおむすびなど、お料理にまな板のにおいをつけたくないときに、乾きの早い杉板にのせるのです。
材木屋さんで分けてもらったり、木の菓子箱のふたを利用してもかまいません。

1

全卵2個十卵黄1個分を使う。これは黄色い色を濃く出すため。ボウルに割りほぐし、塩を加えて、菜箸を左右に動かして卵のコシをきる。
もちろん作りたい量によって、卵の数は増減させる。卵1個でも薄焼き卵は作れる。お祝い事のおすし用に作るときなどは、溶き卵をこしてから作るとまだらにならず、いっそう美しくできあがる。

2

フッ素樹脂加工のフライパン（ここでは直径24cmを使用。もちろん鉄の卵焼き鍋で作っても）を強めの中火で高温に温めて、ガーゼに含ませたサラダ油を鍋全体になじませる。
フライパンや鍋をガス火の上で動かして、隅々まで、全体をまんべんなく火に当てて温めることが大事。

薄焼き卵を焼くときは、鍋の温度が重要。卵液をつけた菜箸の先を鍋に当てたとき、シュッというかすかな音がして、菜箸に卵がくっつくぐらいの温度が理想です。フライパンに卵が残ってしまう場合は温度が低すぎ、ジュッとすぐに卵が固まる場合は温度が高すぎ。高温になりすぎたときは、鍋底をぬれぶきんの上に置いて冷ましましょう。

3

適温になったらフライパンをゆっくり回しながら、卵液を玉じゃくし⅓杯ほどすくって鍋に流します。フライパンに卵の膜ができたら、余分な卵液はボウルに戻します。卵液を入れてから鍋を回して卵液を広げるのではなく、鍋を先に回しているところへ卵液を流すのがコツ。

4

強火で焼き、周囲の乾いている部分から菜箸をぐるりと入れて、様子を見る。真ん中まで乾いてきたら箸先を卵の縁に当て、菜箸を回転させながら卵を持ち上げて返す。

5

裏面は1つ数えるくらいにサッと焼き、すぐに杉板（または巻きす）の上にあける。熱くなければ手で移してもいい。残りの卵も同様に焼いていくが、フライパンはそのつど、油を含ませたガーゼで拭いて。

6

焼いた薄焼き卵は半分に切って重ね、ふきんで包んで冷ます。

7

幅3cmほどに切りそろえ、重ねる。
丸い端の部分はみじん切りにしてご飯に混ぜるなどして、別の方法で食べる。

8

包丁をスライドさせず、真上からまっすぐ下ろすようにして、トントントンと端から細く切る。
ほかにも短冊切り、色紙切りなど、薄焼き卵は切り方を変えて、さまざまなお料理に使える。

27｜春雨サラダ

具だくさんのさっぱり麺のような感覚で。
暑い日のおもてなしにも！

28｜冷やし中華

スープも飲めるすっきりとした味わい。
もちろん、錦糸卵の黄色を利かせて。

具だくさんで作りましょう。

a

きゅうりは包丁の刃先だけを使って、線を引くようなつもりで斜め薄切りにする。刃先で切ると包丁の当たる表面積が小さくなるため摩擦が少なく、切り口がきれいで舌触りがよい。

b

なるべく自然な製法で作られたよい調味料を選んで。たれも自分で作るのが安心で「きれいな味」を作るコツ。

春雨サラダ

つるつる、しこしことした歯触りがおいしい春雨、人気ですね。マヨネーズであえるサラダもありますが、酸味のあるしょうゆだれの「きれいな味」でさっぱりと食べるのもよいものです。

春雨よりも具のほうを多くして、野菜たっぷりの冷たいサラダ麺のような感覚で作りましょう。きゅうり、もやし、ハム、薄焼き卵はマストアイテム。ノンカロリーでコリッとした食感がおいしいきくらげも、あればぜひ入れてみてください。乾物でもかまいません。その場合は水でもどしてから、サッとゆでて薄切りにします。

今回はかに肉も加えたご馳走バージョンです。暑い日に訪ねてくれた友達と、お昼に一緒に食べたいような感じでしょう？　早めに作って冷やしておいても、結構おいしく食べられますよ。お父さんたちの晩酌にも喜ばれると思います。

○4人分

春雨····50 g
ロースハム····3〜4枚（70 g）
もやし····1袋（150 g）
きゅうり····1本
卵····1個
きくらげ（生）····50 g
かに肉（ゆでた身）····100 g
〈しょうゆだれ〉
　薄口しょうゆ····大さじ2
　米酢····大さじ4
　砂糖····大さじ2
　ごま油····大さじ2
　炒り白ごま····大さじ1

1　春雨は熱湯で3分ゆで、水にとって冷ます。ざるに上げて水けをきり、食べやすく切る。
2　ハムは半月に切って重ね、端から斜めのせん切りにする。
3　もやしはひげ根を取ってゆで、ざるに上げて薄塩（分量外）をして冷ます。きゅうりは斜め薄切りにしてから［→a］、少しずつ重ねて平らにならし、端からせん切りにする。
4　卵は薄焼き卵（→65ページ）にして、やや太めのせん切りにする。きくらげはゆでて水にとり、せん切りにする。かに肉はほぐす。
5　しょうゆだれの材料［→b］は混ぜ合わせる。
6　ボウルに具材をすべて入れ、たれを加えて、しっかりあえる。冷蔵庫で冷やしてからいただくとおいしい。

涼を求める心に、本当に応えられる味を。

冷やし中華

暑い日に外出先で「冷やし中華が食べたいな」と思って。どこか店に入って注文したものが、ごまだれのドロッとしたものだったり、妙に味が濃かったり、酢がツンツンととがっていたりすると、がっかりしてしまう。

冷やし中華というのは、涼しい味でないといけないんですよ。暑苦しい冷やし中華はアカン。〝冷やし〟と言葉でうたうだけでなく、さっぱりすっきりとしていて、つゆが飲めるような冷やし中華でないといけない。私はそう思うんです。

ぜひ、たれは家庭で作ってください。家庭だしに薄口しょうゆや米酢を加えて作ります。これが本来の、昔ながらの冷やし中華のたれなんです。私はそこにしょうがの絞り汁を加えて、風味さわやかに、涼やかな味に仕上げます。

冷やし中華は家で作ったほうが絶対においしい。外で食べるのでは、もう満足できなくなりますよ。

○3〜4人分
生中華麺‥‥3玉
ロースハム‥‥5〜6枚（100g）
もやし‥‥1袋（150g）
きゅうり‥‥1本
卵‥‥2個
紅しょうが‥‥適量
〈冷やし中華のたれ〉
　家庭だし（→21ページ）
　　‥‥カップ1½
　薄口しょうゆ‥‥大さじ6
　米酢‥‥大さじ6
　砂糖‥‥大さじ2
　ごま油‥‥大さじ1½
　しょうがの絞り汁‥‥大さじ1

1 たれの材料はすべて混ぜ合わせて冷やしておく。
2 ハム、もやし、きゅうりは春雨サラダ（→68ページ）と同様に下ごしらえをする。
3 卵は錦糸卵（→65ページ）を作る。
4 鍋にたっぷりの湯を沸かして中華麺をゆでる。ゆで上がったら流水で粗熱をとり、さらに氷水で締める。
5 麺の水けをよくきって器に盛り、2と3の具をのせる。紅しょうがを添え、たれをかける。

○酢や練りがらしを添えてすすめる。

「きれい」な献立 | おすしの日

29 | ちらしずし (→72ページ)

30 | 庄内麩と三つ葉の吸い物 (一番だし)

すし飯が食べたくなる。
透き通ったおつゆが恋しくなる。
菊の香りが漂う季節に、菜の花の咲く頃に。

ご飯の、まさに炊きたてを狙って、すし酢を混ぜます。

しゃもじで受けながら、炊きたてのご飯全体にすし酢を回しかける。

ピカッと光ったすし飯を作ってから、具を混ぜる。

ちらしずし

ピカッと光ったおいしいすし飯。それを作るには、〝ご飯の炊きたてを狙う〟ことに尽きます。すし酢、盤台《はんだい》、しゃもじなど、使うものをきちんとそろえておいて。炊飯器の炊き上がりの合図があったら、すぐにご飯を盤台にあけ、すし酢を回しかけ、よく混ぜます。そうして、うちわや扇風機で風を送りながら、しゃもじで切るように混ぜれば、宝石のようにピカッと輝くすし飯のできあがり。

お客様のときは豪華な具をのせたいところですが、おすしって、ふだんにもふと食べたくなったりしませんか。混ぜ込む具も少なくして、錦糸卵をどっさりと上にかけるだけの〝ふだん着のおすし〟、いかがでしょう？　すし飯のおいしさをストレートに味わえるし、それになんだかおしゃれだと思うのですが。

○作りやすい分量
〈すし飯〉
米····カップ2
水····洗い米（→20ページ）の1割引き量
〈すし酢〉
米酢····カップ⅓
砂糖····大さじ3
塩····小さじ2
〈具〉
しいたけのうま煮····4〜5枚
しらす····30g
錦糸卵（→65ページ）····適量

1　米は炊く30分〜1時間前に洗って、ざるに上げ、洗い米にする。
2　炊飯器に1の洗い米を入れ、1割引きの水加減をして炊く。
3　すし酢の材料はよく混ぜ合わせ、砂糖と塩を溶かす。
4　盤台（ぬれぶきんで拭いておく。盤台がなければ大きなバットやボウルでもよい）に炊きたてのご飯をあけ、すし酢をしゃもじで受けながら全体に回しかける[→a]。うちわであおいで冷ましながら、しゃもじで切るように混ぜる。
5　盤台にくっついたすし飯は、柔らかく絞ったふきんで拭き取ってまとめる。すし飯の上に固く絞ったさらしのふきんをかけて乾かないようにする。
6　しいたけのうま煮は薄切りにして、しらすと一緒にすし飯に加え、さっくり混ぜる[→b]。器に盛り、錦糸卵をたっぷりとのせる。

○すし飯のおいしさは調味料のおいしさによるところも大きい。酢は原材料が米だけの純米酢を使うのがおすすめ。すし飯にすだちやかぼすなどの柑橘《かんきつ》類の汁を絞りかけて、香りと酸味をプラスしても美味。

しいたけのうま煮

○作りやすい分量
干ししいたけ····8枚
干ししいたけのもどし汁····適量
砂糖····大さじ2½
しょうゆ····大さじ1

1　干ししいたけはザッと洗い、ひたひたの水に1時間以上つけてもどし、軸を切り落とす。もどし汁はとっておく。
2　鍋にしいたけを入れ、もどし汁の上澄みをかぶるぐらいに注いで中火にかける。煮立ったらあくをよくすくい、落としぶたをして弱火で5分煮る。
3　砂糖を加えて再び落としぶたをし、弱火で10分煮て甘みを充分に含ませる。
4　しょうゆを加え、煮汁がほとんどなくなるまで煮詰める。

○おすしのほかにも、のり巻きの具にしたり、お弁当（→81・83ページ）に入れたり、何かと便利。冷蔵庫で保存が利くので多めに作っておくとよい。

昆布と削り節のよいところだけを抽出します。

a

昆布は煮出すのではなく、水につけることでだしが出る。それゆえ、ある程度の時間つけておくことが大事。

b

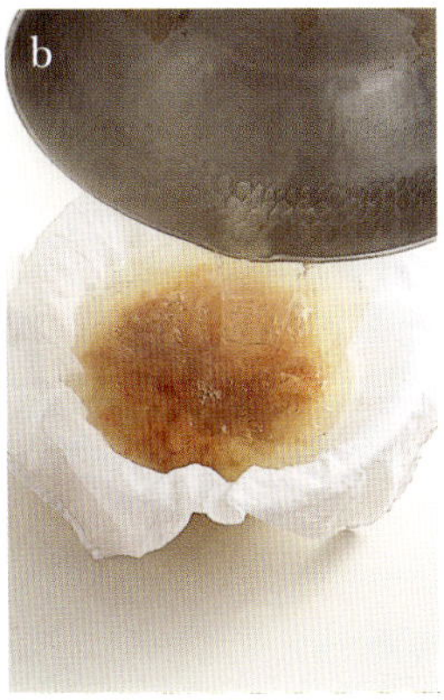

せっかくとった一番だしに、削り節のくずが浮いていたら台無し。さらしのふきんでこして、きれいに仕上げる。

一番だし

みそのうまみでいただくおみそ汁と違って、お吸い物はだしの風味が身上。お吸い物に使うのは一番だしです。

一番だしというのは、昆布と削り節のよいところだけを、サッと抽出した贅沢なだし汁。繊細な香りとうまみを持つ「きれい」なつゆです。淡い色のついた透き通った汁で、もしかしたらこの世で一番、水に近い食料といえるかもしれません。

一番だしは鮮度が命。お吸い物などでストレートに味わうときは、できるだけ早くいただきましょう。残って時間がたった一番だしは鮮度は落ちますが、みそ汁にしたり、煮物に使ったりして、「家庭だし」として使えます。残った一番だしが少量のときは水を足して、家庭だしとして使ってもかまいません。

○作りやすい分量

だし昆布・・・・10cm角1枚

＊真昆布・利尻昆布など肉厚でよいもの。

削り節・・・・20g

＊吸い物には血合いの少ないものがよい。

水・・・・カップ5

1 だし昆布は分量の水に3時間以上つける[→a]（一晩おいてもよい。その場合は冷蔵庫に入れておく）。この状態を「昆布だし」といい、昆布だしも野菜を煮るときなどに使える。

2 1の鍋（ボウルなどで昆布だしをとっていたときは、鍋に移す）を中火以下にかける。昆布が浮いてきて、昆布のまわりにプツプツと泡が出てきたら引き上げる（昆布は煮立てると雑味が出るので、決して煮立てないこと）。

3 昆布を引き上げた2を熱し、鍋中が静かに煮立ったところに削り節を加える。すぐに火を止め、1～2分おいて、削り節が沈むのを待つ（渋みが出るので削り節も煮立てない）。

4 手つきのざるに固く絞ったさらしのふきんを敷き、3を静かにこす[→b]（えぐみが出るので、一番だしは決して絞らないこと）。

庄内麩と三つ葉の吸い物

○4人分

一番だし・・・・カップ4

酒・・・・大さじ2

塩・・・・小さじ1

薄口しょうゆ・・・・小さじ1

庄内麩・・・・½本

三つ葉・・・・⅓束

1 庄内麩は水でぬらし、固く絞ったふきんで巻いて10分以上おき、柔らかくもどす。1.5cm幅に切る。

2 三つ葉は洗って4等分にし、それぞれを結ぶ。

3 一番だしを煮立てて、酒、塩、薄口しょうゆで味つけする。庄内麩を入れ、ぐらりとしたら三つ葉を加えて火を止める。

31 ｜ 洋風ずし

サラダのようなモダンなおすし。
これがおいしい、大人気。

32｜かきたま汁

とろんとまあるいやさしい味。
いくつになってもうれしい味。

おすしは自由なお料理なんです。

a

混ぜるというよりも、しゃもじで押して上下を返す、ぐらいの感覚で。具がすし飯と完全に混ざり合っていない〝ルーズなおいしさ〟が、むしろこのおすしの魅力。

洋風ずし

この洋風ずし、人気なんです。リピーターというんですか、気に入って何度も作っているひとが多いんですよ。特に来客のときに、見た目の美しさと楽しさ、意外なおいしさでとても喜ばれるようです。

パルメザンチーズやフレッシュなハーブの入ったおすしなんて、驚かれるかもしれませんが、これが本当においしい。すし飯はチーズやマヨネーズとはことさら相性がいいですし、実に懐が深くて、どんな具材も受け入れてくれます。

豆の季節ならグリンピースやそら豆を飾る具にしたり、夏は枝豆やとうもろこしもいいですね。かぶ、カリフラワー、アスパラガス、きゅうり、セロリ、ハム、スモークサーモン、ナッツ、ドライフルーツ……。

サラダみたいな感覚でいろいろな具を試せるのが洋風ずしのよいところ。自由な発想で自分のおすしを作る。お料理の楽しみどころです。

○4人分

〈すし飯〉

米‥‥カップ2

水‥‥洗い米（→20ページ）の1割引き量

〈すし酢〉

酢‥‥カップ⅓

砂糖‥‥大さじ3

塩‥‥小さじ2

〈混ぜ込む具と調味料〉

ソーセージ‥‥3本（約100g）

卵‥‥2個

ピクルス‥‥50g

チャービル・ディル‥‥各1パック

松の実‥‥10g

パルメザンチーズ（かたまり）‥‥30g

レモンの絞り汁‥‥¼個分

マヨネーズ‥‥30g

こしょう‥‥適量

〈飾る具〉

いんげん‥‥120g

1 すし飯を作る（→72ページ）。米は洗ってざるに上げ、30分〜1時間おいて洗い米にする。洗い米の1割引きの水加減をして、固めに炊き上げる。すし酢の材料は混ぜ合わせる。

2 炊きたてのご飯にすし酢を回しかけ、粘りを出さぬよう切るようにして混ぜる。うちわであおいで手早く冷まし、つやよく仕上げる。

3 混ぜ込む具を準備する。ソーセージはグリルで焼いて、ご飯となじみのよいようにザクザクと粗く切る（あえて切り口をでこぼこにするつもりで切る）。卵は8分ゆでて氷水で熱をとり、殻をむいてきざむ。ピクルスは粗いみじん切りにする。

4 チャービルとディルは洗って水けをきり、みじん切りにする。松の実は鍋でから炒りして焼き目をつける。パルメザンチーズはすりおろす。

5 飾る具のいんげんは食べやすく切り、色よくゆでる。

6 2のすし飯に、混ぜ込む具と調味料を加え、全体をさっくりと混ぜる[→a]。器に盛り、上に5のいんげんをのせる。

煮立ったところへ少しずつ、卵を流していきます。

麩は水で柔らかくもどしてから、先にだしで煮る。

水溶き片栗粉でだしにとろみをつけてから、卵を加える。

かきたま汁

子供はもちろん大人も好きなかきたま汁。これがまた、実におすしに合うんです。

ふわりと柔らかく作るにはコツがあります。まずはおいしくとった一番だしを温め、水溶き片栗粉でとろみをつける。ここへ溶き卵を加えるわけですが、一度にどぼりと入れてしまわないこと。だし汁が少し煮立ったところへめがけて、菜箸に伝わせながら少量流し、様子を見る。だし汁がまた少し煮立ってきたら、次の溶き卵を加える……というふうに3〜4回に分けて加えていきます。

温かいだし汁に冷たい卵を流し入れるのですから、一度にどぼっと入れると汁の温度が下がり、だしが濁ってしまいます。だしの煮立ちを見ながら、そこへ少量ずつ卵を加えることで、汁の温度が下がることなく汁が濁ることもなく、澄んだ空に浮かぶ雲のようにふわりと柔らかく仕上がるのです。

今回は麩も入れましたが、もちろん卵だけで作ってもよく、いつも冷蔵庫にある卵で作れる気楽さも、かきたま汁の大きな魅力です。

○4人分

卵・・・・3個

一番だし（→73ページ）・・・・カップ4

塩・・・・小さじ1弱

薄口しょうゆ・・・・小さじ1

〈水溶き片栗粉〉

片栗粉大さじ½＋水大さじ1

麩（小）・・・・12個

1 卵はよく溶く。麩は水に浸してもどし、水けをきちんと絞る。

2 鍋に一番だしを温めて、塩と薄口しょうゆで味つけし、麩を加えて少し煮る［→a］。

3 煮立ったら火を弱め、2の汁を玉じゃくしで混ぜながら、水溶き片栗粉を加えてとろみをつける［→b］。火を少し強めて汁を煮立てる。

4 再び火を弱めて煮立ちをおさえ、溶き卵を菜箸に沿わせながら少しずつ流し入れる。火を心持ち強めて（だしが微笑む程度の火加減。あまり強すぎるのはNG）、卵がふわっとふくらむ程度に火を通す。

これもおいしい！

鶏卵汁

○4人分

1 一番だしカップ4は温め、塩小さじ1弱、薄口しょうゆ小さじ1で味つけする。

2 煮立ちをおさえ、だし汁を玉じゃくしでかき混ぜながら、水溶き片栗粉（片栗粉大さじ½＋水大さじ1）を加えてとろみをつける。

3 2が再び煮立ったところへ、溶き卵3個分の⅓量を流し入れ、泡立て器で手早く混ぜて火を通す。残りの溶き卵も同様に加えて、きめ細かい卵汁に仕立てる。

ミモザの花のような濃い色、
なめらかな口当たりをめざして。

33 ｜ 炒り卵

こんなん、教わらなくても簡単に作れる、と思われるでしょうが、炒り卵(そぼろ卵)のようなものにも上手下手がありますね。上手にできた炒り卵は、黄色の色が濃くて、口に入れたときにホロリと柔らかくくずれるような感じ。それに、しっとりとしてなめらかなんです。

騙されたと思って、このやり方で一度作ってみませんか。いつもの炒り卵との違いに驚かれるはずですよ。卵4個分でご紹介しますが、たとえば半分量を作るなら調味料も半分にすればよいだけの話です。

1　ボウルに卵4個を割りほぐし、塩小さじ⅓、砂糖大さじ1を加えて混ぜます。
　このとき、菜箸を前後左右に直線に動かして、泡を作らないようにするのがコツ。卵を回転させてしまうと泡立てることになるので、「直線に動かす」ことを心がけて。
2　油をひかない鍋に1を流し入れ、中火以下にかけます。菜箸4本を鍋底に当てて、手早くかき混ぜながら火を通します[→a]。
3　鍋底のほうの卵が固まり始めて、膜が張るようになったら、鍋をガス台から下ろします。そしてぬれぶきんの上にのせ、鍋底を冷やしながらかき混ぜます[→b]。
　卵が固まりかけて火が通りそうになったら、鍋をぬれぶきんの上にのせて温度を下げる。これが炒り卵の重要ポイント。
4　再びガス火にかけ、先ほどと同じように菜箸4本を鍋底に当てて手早くかき混ぜます[→c]。鍋底のほうの卵がまた固まり始めたら、ぬれぶきんの上にのせ、鍋底を冷やしながらかき混ぜます。
5　同じことを数回繰り返して、好みの柔らかさに仕上げます[→d]。

卵は沸騰すると、口当たりが悪くなってしまうんです。だから鍋底を冷やして沸騰を防ぎながら、少しずつ火を通していくわけですね。

炒り卵を作るのは、思ったよりも長く時間がかかります。でもその時間こそが、なめらかな口当たりを生んでくれる。ゆっくりと火を通すことで、黄色の色も濃くなります。ミモザの花のような可愛らしい色になってくれるんです。

a

b

c

d

34｜三色ご飯

「きれい」なだけでなくて、
正しく作るとおいしさが100倍違う。

35｜鶏だんご弁当

「わぁ!」とふたをあけたときの心の歓声。
食べるごとに幸せ感に満ちていく、理想のお弁当。

ゆっくりと煮た鶏そぼろ、うまさが違います。

a

ひき肉をさらに細かくたたく。ていねいにたたいたほうが味のなじみがいい。カンカンカンと音がするような重たい包丁でたたくのが理想。

b

ゆっくりと時間をかけて煮ていくと、ひき肉が調味料を含んで、しっとりふっくらとする。

三色ご飯

鶏そぼろは短時間でサッと作ることもできます。でも、ゆっくりと時間をかけてていねいに作ったものは、口当たりも、うまみも、ご飯とのなじみも、もちのよさも、まったく違う。なんというか、味わいに深みがある。みなさんにできるだけ早く、このおいしさを実感していただきたいです。

作るときのポイントは2つ。ひき肉を包丁でたたいて、さらに細かくしてから火を通すこと。調味料を加えたら、たえず菜箸で混ぜながら30分ぐらいかけて、ゆっくりゆっくり煮ること。時間をかけることがとても大事なんです。

甘辛味のそぼろの深いうまみと、まろやかな炒り卵と、すっきりさっぱりとしたゆでいんげん。色合いのきれいなことはもちろん、三色ご飯は味の点でも本当に素晴らしいハーモニーですね。最初にこの組み合わせを考えた人を尊敬してしまいます。

ていねいに作る分だけ、食べたときの幸福感が増すお料理だと思います。

○4人分

炊きたてのご飯‥‥4人分

〈鶏そぼろ〉

鶏ひき肉（脂身の少ないもの）‥‥300 g

A 砂糖・みりん‥‥各大さじ3
　しょうゆ‥‥大さじ3
　酒‥‥カップ½

サラダ油‥‥大さじ1½

炒り卵（→79ページ）‥‥卵4個分

いんげん‥‥100 g

紅しょうが‥‥適宜

1 鶏そぼろを作る。鶏ひき肉は脂身の少ないところを求め、キッチンペーパーで表面の余分な水分を軽くおさえる（これもおいしさのコツ。ただしあまり拭くと肉がパサパサになるので、あくまでも軽くおさえる程度に）。

2 1をまな板にとって包丁で細かくたたく[→a]（包丁の向きを変えながらていねいにたたく）。

3 鍋にサラダ油を温めてひき肉を入れ、菜箸4〜5本で混ぜて細かくほぐしながら、弱めの中火で火を通す。

4 ひき肉がぽろぽろになり、完全に火が通ったら、Aをすべて加える。中火以下の火加減にし、たえず菜箸で混ぜながら煮詰める[→b]。

5 30分ぐらいかけて、ゆっくりと煮詰めて仕上げる。

6 いんげんは色鮮やかに塩ゆで（分量外）し、氷水にとって色止めをする。完全に冷めたら引き上げ、水けをしっかり拭いて、食べやすい長さの斜め切りにする。

7 炊きたてのご飯に鶏そぼろ、炒り卵、いんげんをのせて、好みで紅しょうがを添える。

○煮上げた鶏そぼろを翌日に食べるときは、そのままでもよいが、ゼラチンや脂が固まるのでもう一度火を入れても。お弁当などの温かいご飯の上にのせるときは、水を補ってから火にかけ、充分に煮立てて、火を入れる。

鶏だんごを上手に作れると、かなり自慢ですよ。

a

左手でキュッとたねを押し出し、右手のスプーンでそれをすくい取って鍋に落としていく。

b

まんべんなく火を通したいので、鍋に並べるようにしてたねを落としていく。

鶏だんご弁当

鶏だんご、老いも若きも大人も子供も、みんな大好きですね。これこそ本当にふわっと柔らかく作りたい。それでいて、甘辛味がしっかりとしみ込んだものがいいのです。

コツは、これも〝ゆっくり煮る〟ことです。

ひき肉のたねをだんごにしながら湯の中に落とし、表面の色が変わったら調味料を加えて煮るのですが……、まずは最初がかんじん。たねを落とす湯は沸騰湯ではなく、小さな気泡が出るぐらいの温度です。その段階でたねを入れ、弱火で、湯が沸騰するまでの時間を利用して、だんごにゆるゆると火を通す。これが〝ふっくら柔らかい〟の秘訣なのです。

調味料を加えてからも、いったん沸騰させたら弱火にして、ゆっくりじっくりと煮汁がほとんどなくなるまで煮る。これで、口当たりもうまみも最高の鶏だんごができます。

○4人分

炊きたてのご飯‥‥4人分

〈鶏だんご〉

鶏ひき肉‥‥300g

A 溶き卵‥‥小1個分

薄力粉‥‥大さじ2

酒・しょうがの絞り汁‥‥各大さじ1

水‥‥カップ½

砂糖‥‥大さじ2

みりん‥‥大さじ1

しょうゆ‥‥大さじ3

きゅうりの輪切り‥‥1本分

うずらの卵(ゆでたもの)‥‥8個

炒り卵(→79ページ)‥‥卵4個分

しいたけのうま煮(→72ページ)‥‥4枚

いんげん‥‥100g

紅しょうが‥‥適宜

1 鶏だんごを作る。ボウルに鶏ひき肉、Aをすべて入れ、粘りが出てなめらかになるまで手でしっかりと練り混ぜる。

2 鍋に分量の水を入れて弱火(弱火であることが大事。湯を一気に沸騰させたくないので)にかけ、ぷつぷつと小さな気泡が出始めたら、1を丸めながら落としていく(沸騰湯ではなく、その前の段階でだんごを落とす。湯が煮立つまでの時間にだんごにゆるゆると少しずつ火が通っていくことが、ほろりと柔らかく仕上げる秘訣)。手の中からたねを小さめの一口大に押し出し[→a]、これをスプーンですくい取って湯に落とす。

3 たねがすべて鍋に入ったら[→b]、火加減を中火にする。煮立ったらあくを取り、だんごの表面の色が変わったら調味料を加える。

4 3が沸騰したら弱火にして、鍋を斜めにして煮汁をすくって回しかけながら、煮汁がほとんどなくなるまでゆっくり煮詰める。

5 鶏だんご、きゅうりの輪切り、うずらの卵を串に刺す。いんげんは塩ゆでし、食べやすい長さに切る。

6 炊きたてのご飯、5の鶏だんごの串刺し、いんげんと、しいたけのうま煮を半分に切って弁当箱に詰める。ご飯の上に炒り卵をかけ、好みで紅しょうがを添える。

36 | 鶏だんご鍋

ほろっと感動的に柔らかい鶏だんご。
澄んだおいしさの「きれいな味」の鍋。

37｜ロールキャベツ

ご飯と食べたいからコンソメ味で。
お箸で切れるほど煮込んだのがいい。

柔らかさの秘密は食パン。

a

鶏ひき肉をすり鉢でする一手間で、いっそうなめらかな口当たりに。

b

煮汁の中にだんごを落としていき、先に火を通してから、食卓で野菜などを煮ていただく。

鶏だんご鍋

鍋や煮物にする鶏だんごに、私は食パンを入れます。日本料理では昔から、つくねのたねに麩を入れて柔らかさを出していたんですね。そこからヒントを得て、身近な食材である食パンを加えてみたら、これが大正解。口の中でふわりと溶けるように柔らかくなって、とってもおいしいんです（パンが入っているなんて、誰も気がつきません）。

この鶏だんごの鍋は寄せ鍋、つまり汁に味をつけた鍋料理の一種。鶏のうまみがよく出た汁と一緒に、煮た具材をいただきます。とても滋味があり、それなのにすっきりとした「きれいな味」なので、おもてなしにも向きます。シメにこの汁でうどんを煮て食べてもおいしいですよ。

○4人分

〈鶏だんご〉

鶏ひき肉････200g

溶き卵････1個分

塩････小さじ⅓

薄力粉････大さじ½

しょうがの絞り汁････大さじ1

食パン（6枚切り）････1枚

白菜････¼個

春菊････1束

しいたけ・えのき

････各1パック（各100g）

〈煮汁〉

酒・薄口しょうゆ

････各カップ½

みりん････カップ¼

だし昆布････10㎝角1枚

削り節････20g

水････カップ7½

1 鶏ひき肉はすり鉢に入れて、なめらかになるまでよくする［→a］。溶き卵、塩、薄力粉を加え、しょうがの絞り汁を加えて練る。

2 食パンは水に浸してふやかし、水けを絞ってちぎりながら1のたねに加える。たねをさらにすり混ぜ、パンがなじむようによく練る。

3 煮汁の材料はすべて鍋に入れて火にかけ、煮立ったらこす（だしをとってから調味料で味つけするのではなく、すべて一緒に火にかけて煮出してよい）。こした煮汁を鍋に戻す（この時点で土鍋に移してもOK）。

4 2のたねを手で軽く握り、親指と人差し指の間からキュッとたねを押し出す。それをスプーンで丸く形作りながらすくい取り、だんご状にして、3の鍋に落としていく［→b］（家庭では、だんごの大きさがいろいろあるのもよい。食べる人の食欲や口の大きさもまちまちなのだから）。

5 煮汁の入った鍋を中火にかけて、だんごに火を通す。

6 白菜は葉と軸に分け、葉は食べやすく、軸は長めに細く切りそろえる。春菊も食べやすく切る。きのこは石づきを切り落とし、食べやすく切る。具材を器に盛り合わせて食卓へ運ぶ。

7 煮汁とつくねの入った鍋を（土鍋に移して）卓上で火にかけ、野菜類を煮ながら、つくねや汁と一緒にいただく。

○めいめいが取り分け、好みで山椒、七味、かぼす、すだちの絞り汁などを加えていただく。

煮込むほどに、キャベツも甘くなります。

ボウルに混ぜた肉だねは平らにし、ナイフなどで8等分に分ける。これを俵形にまとめて、キャベツで包んでいく。

キャベツ1〜2枚を広げ、肉だねを手前にのせて一巻きし、左側の葉を内側に折り込む。手前からくるくると、肉だねをキャベツで巻く。

端まで巻いたら、右側の葉を〝ずいずいずっころばし〟をするときのような形で、側面から折り込むようにして詰める。こうすれば楊枝も不要。

ロールキャベツ

トマト味にデミグラスソースにホワイトソース……、ロールキャベツにはいろんな味がありますね。しかしロールキャベツでご飯を食べたいと思うと、やっぱり、さらりとしたコンソメ味がよいということになります。

キャベツがお箸で切れるぐらいの柔らかさをめざして、じっくり煮込みましょう。煮込むと甘みを増すキャベツが肉のうまみも吸って、とってもいい味になってくれます。長時間煮込むのですから、途中で煮くずれしないように肉だねをキャベツでしっかり包むことが大切。また、鍋にロールキャベツをきっちり並べて、隙間ができたら残りのキャベツなどを詰め、煮込む間になるべく動かないようにするのもコツです。

キャベツの大きさがそろわなかったり、うまくはがれずに破けてしまったときは、葉を2枚使ってたねを巻けばいいんです。キャベツがおいしいお料理ですから、キャベツがいくら入っていてもいいわけです。

○8個分

キャベツ
　····大10〜16枚（800g〜1kg）

〈肉だね〉
　牛ひき肉····300g
　玉ねぎのみじん切り
　　····1個分（220g）
　薄力粉····大さじ2
　卵····1個
　塩····小さじ⅔
　こしょう····適量

セロリ····2本
ベーコン····50g
水····カップ4
固形スープの素····⅔個
ローリエ····2枚
塩····適量
こしょう····適量

1　キャベツは外葉をちぎらないようにはがし、（たっぷりの湯で）透き通ってしんなりするまでゆでてざるに上げる。塩、こしょう各少々をふって冷まし、芯の部分を肉たたき（または包丁の背）などでたたいて柔らかくする（これをすることで肉だねが包みやすくなる）。

2　ボウルに肉だねの材料をすべて合わせて、しっかり練り混ぜる。

3　肉だねを8等分にし［→a］、それぞれを俵形にまとめて、キャベツ1〜2枚にのせて包む［→b］。右側の葉は折り込まずに巻き、最後にこの部分をロールキャベツの側面から折り込むようにして詰める［→c］。

4　セロリは筋を取って4〜5cm長さに切る。ベーコンは食べやすく切る。

5　鍋（8個なら直径22cm程度がよい）に3をきっちりと並べ（隙間ができたら、残ったキャベツで隙間を埋める）、セロリとベーコンをのせる。固形スープの素、ローリエ、塩小さじ1を加え、分量の水を注いで、火にかける。

6　煮立ったらあくをすくい、ふたをして弱火で40分煮る。煮上がりの味をみて、塩、こしょうを補う。

○次の日に温め直しても、キャベツがとろとろになって美味。

「きれい」な献立 | おむすび+豚汁の日

38 | おむすび (→90ページ)

39 | 豚汁 (→91ページ)

09 | 青菜の煮浸し (→22・24ページ)

みんなで食べても、ひとりで食べても
たちまち元気が湧いてくる。
「やっぱり一番好き」な最強の献立。

炊きたての熱いご飯を、〝手〟で握るのがおむすびです。

ご飯を茶碗にとって、おむすびの大きさを決める。と同時に、熱いご飯を茶碗にとることで、熱を緩和させる。

さらしのふきんの上から握り、まずはご飯のかたまりを作る。杉板の上にころがしておくことで、ご飯の熱さがここでも少し緩和される。

おむすび

子供の頃、お母さんが炊きたてのアツアツのご飯で、手をまっかにしておむすびを作っているのを見ませんでしたか？　あそこに、おいしいおむすびを作る最大のコツが隠されているんですよ。

炊きたての熱いご飯を、水と塩をつけた手で握ると、たちまち気化熱でおむすびのまわりが乾いて塩の壁ができます。塩は味つけのためだけでなく、こうして塩の壁で固まったご飯にはバクテリアが入りにくいんです。中に梅干しでも入れれば、いっそう傷みにくくて安心な携帯食のできあがりです。

また、塩の壁でまわりが素早く固まったおむすびというのは、中のご飯にはしっとりと水分が保たれますから、時間がたってもいつまでも柔らかくておいしい。遠足やお弁当の手作りおむすびがなんだかすごくおいしいのには、こうした理由があるのです。

そう、おむすびには日本人の叡智が詰まっているんです。

売られているものと違って、家庭で作ったおむすびには防腐剤の心配がありません。脂肪分を含まないのでヘルシーですし、消化がよくて胃腸に負担がかからず、冷えてもおいしく(ご飯は冷めたときに一番おいしさがわかるもの)、お腹が満足します。そして何より、食べればたちまち元気が湧いてきます。みんなが好きで、作る手間もいたってシンプルなので、大勢が集まるときにもこれ以上のものはないのです。

○作る数の分だけ適宜用意
炊きたてのご飯 (→20ページ)
塩
梅干し
焼き鮭(身をほぐしたもの)
炒り白ごま
焼きのり

1　炊きたてのご飯、手水(＝手につける水。ボウルなどに用意する)、塩、さらしのふきん(→62ページ)、杉板(→65ページ)を手元にそろえ、梅干しなどの具を用意する。

2　さらしのふきんを固く絞って左手にかけ、茶碗を左手に持ち、ご飯をよそう[→a]。

3　茶碗を右手に持ち替えて、中のご飯を左手のふきんにあける。ふきんの上から2回ほどキュッキュッと軽く握って丸くまとめ、板の上にのせる[→b]。残りのご飯も同様にする。

4　両手に水をつけ(両手のひら全体を湿らせる。手水はつけすぎも禁物。〝湿らせた手の水をしっかり落とした〟という程度がよい)、左手に塩を薄くのばす。

5　板の上のご飯を1つとって、左の手のひらにのせる。真ん中を指で押してくぼみを作り、梅干しや焼き鮭などの具を菜箸で埋め込む。

6　三角形にした両手で5をキュッキュッと2〜3回握り、両手のひらでおむすびをはさむようにして、横幅(厚み)を整える。好みで炒りごまをまぶしたり、焼きのりを巻く。

シンプルな豚汁がおいしい理由。

脂のある豚ばら肉で、汁にコクを出す。長ねぎ以外の材料は同時にだし汁に入れてよい。

みそはだし汁で溶いてから加える。みそを入れてからも少し煮るのが、おいしい豚汁のコツ。

豚汁

この豚汁、とても評判がいいんです。「どうしてこんなにおいしいんですか？」とよく聞かれますが、別に変わったことは何もしていません。逆に、余計なことをしてないのがいいんと違うかな。

具は大根、にんじん、長ねぎの白いところ、それに豚ばら肉の薄切り。いたってシンプルです。もっとおいしくしようと頭で考えて、これ以上たくさんの具材を入れたり、材料を先に油で炒めたりするのは、むしろ逆効果ですよ。なぜなら重たい味になってしまう。重たい味＝おいしい味、ではないんです。家庭の料理は、コクやうまみを感じるけれど、どこか軽やかで後味がすっきりとしているのがいい。豚汁のようなものだって「きれいな味」がいいのです。

ポイントは2つ。だし汁に材料を入れたら、強めの中火で短時間で汁を煮立ててください。弱い火でだらだらと煮ると汁が濁り、重たい味になってしまいます。強めの火で煮立てて充分にあくを出し、そのあくをていねいにすくい取ることも「きれいな味」を作る秘訣。

もう1つ、みそを加えたら少し煮ます。みそ汁はみそを加えたらグラグラと煮ないのが鉄則ですが、豚汁のような具だくさんの汁は、みそを加えてからも少し煮て、具とみそを仲良しにしてやるほうがいいんです。

シンプルな素材のそれぞれの持ち味を引き出し、それをひとつにまとめる。材料の総合力こそが、この豚汁のうまさなんですね。

○4人分
豚ばら薄切り肉‥‥200g
大根‥‥中¼本(200g)
にんじん‥‥小1本(150g)
長ねぎの白い部分
‥‥1本分(100g)
信州みそ‥‥80g
家庭だし(→21ページ)‥‥カップ5

1 大根は皮をむき、5㎜厚さのいちょう切りにする。にんじんは皮をむき、5㎜厚さの半月切りに(野菜はあまり薄いと歯ごたえが感じられず、あまり厚すぎても汁とのなじみが悪いので、この程度の厚みがベスト)。長ねぎは1㎝幅の斜め切りにする。豚肉は食べやすく切る。
2 鍋にだし汁と大根、にんじん、豚肉を入れて[→a]強めの中火にかける。沸騰したら火を弱め、あくをていねいにすくい、野菜が柔らかくなるまで4〜5分煮る。
3 みそは鍋の中のだし汁少々で柔らかく溶きのばし、½量ほどを鍋に加える[→b]。長ねぎを加えて少し煮、最後に残りのみそを加えて全体に味をなじませる。

40｜フルーツ白玉

つるんとして、もっちりして、
これが〝本物〟の白玉。

41 | ドーナツ

サクッと香ばしくて、中はふっくら。
〝理想のドーナツ〟は自分で作る。

〝耳たぶぐらいの柔らかさ〟の真実。

a

水は一度に加えてしまわず、⅓量ずつを白玉粉と混ぜていく。最後は水を少し残し、こね始めてからの固さの調整に使う。

b

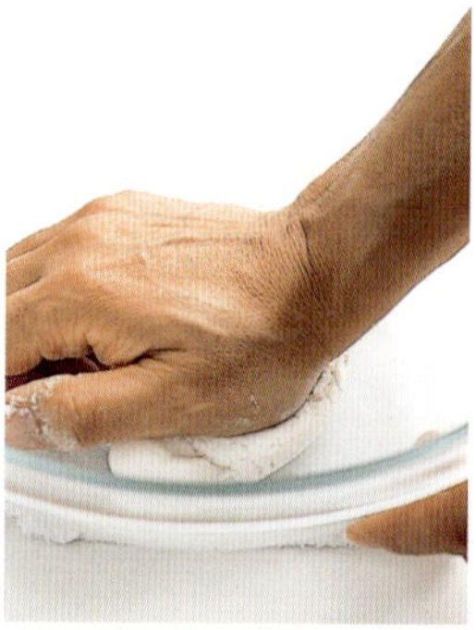

生地を押し、丸め、体重をかけてクイッと押す……をリズミカルに根気よく続けて、生地にコシとなめらかさを出す。

フルーツ白玉

白玉は、こねる覚悟をしてください。指先で白玉粉と水を混ぜ合わせるのではなく、粉と水を混ぜてからが勝負なんです。

手のひらを使って生地をギュッと押し、丸めて、体重をかけてまたクイッと押し……をリズミカルに繰り返してこね続けます。体重がかかりにくいようなら、調理台よりも一段低いシンクの中に、生地を入れたボウルを置いて作業をするとよいですよ。

そして、どこまでこねるかといえば……。根気よくこね続けていると、ある瞬間から生地の感触があきらかに変わるんですよ。粉っぽくざらついていたのが、きめ細やかなしっとりとした肌に変わって、〝餅〟になる瞬間があるんです。よく〝耳たぶぐらいの柔らかさ〟と表現されるのは、白玉粉＋水が〝餅〟に変身した状態のことなんですね。

しっかりこねた白玉は本当になめらかで、もっちりとした口当たり。これが本当の白玉のおいしさです。

○4人分（約30個分）
〈白玉だんご〉
　白玉粉‥‥100g
　水‥‥カップ½
〈シロップ〉
　砂糖‥‥50g
　水‥‥カップ1
プリンスメロン（赤肉）‥‥適量

1　ボウル（大きいほうがこねやすい）に白玉粉を入れ、分量の水を⅓量ほど加えて、粉と水を混ぜる［→a］。続いて水の⅓量を加えて混ぜ合わせる。残りの⅓量の水は（だんごの固さの様子を見て調整するために）少し残して加え、粉と混ぜる。

2　1のボウルの生地を手のひらで押して平たくし、一度丸めてから、体重をかけてクイッと押す［→b］。これをリズミカルに何度も繰り返してコシを出す。水分が足りないときは、残しておいた水を指先につけて生地になじませ、耳たぶぐらいの柔らかさになるまでよくこねる。

3　2を一口大（いろいろな大きさがあってよい）に丸めて沸騰湯に入れ、強火でゆでる。浮き上がってきたら、さらに1分ほどゆでてきちんと火を通し、氷水にとる。

4　シロップの材料は煮溶かして冷ます。メロンはくりぬき器で丸くくりぬき、砂糖水（分量外）につける。

5　白玉だんごとメロンを器に盛り、シロップをはる。
○夏はすいかと合わせたり、その季節に手に入る果物とのコンビネーションを楽しんで。缶詰のフルーツを使ってもよい。

素朴なおやつも手作りの「きれいな味」で。

a

粉っぽさがなくなり、全体がムラなくなじめばOK。

b

ひとまとめにしてラップで包み、冷蔵庫で30分ほど休ませてから型で抜いて揚げる。

ドーナツ

買ってくれば簡単、かもしれませんが、家の台所でできたおやつというのは特別おいしいもの。それに家で作れば、新鮮なよい材料を使えるので安心です。

なつかしいおいしさのオールドファッションドーナツを作りませんか。まわりがサクッとして、中はふんわりソフトな〝ドーナツの理想形〟ともいえるものを。

粉も卵もバターも牛乳も、良質で新鮮なものを使うに越したことはありません。その最たるものが揚げ油(市販のドーナツで一番気になるのは油の品質です)。きれいな油でカラリと揚げてください。

アツアツに砂糖をまぶして、粗熱をとって……。さぁ、みんなで「きれいなおやつ」をいただきましょう。

○5〜6個分

A
- 薄力粉····200g
- ベーキングパウダー····大さじ⅔
- 粉砂糖····40g
- 塩····少々

バター(無塩)····30g
牛乳····80mℓ
卵黄····2個分
バニラエッセンス····少々
揚げ油····適量
グラニュー糖・上白糖····各適量

1 Aは合わせてふるい、粉類に空気を含ませる(ふんわりと仕上げるため)。

2 バターは小さめのボウルに入れ、熱湯をはった鍋に浮かべて湯せんにかけて溶かす。

3 ボウルに1を入れ、真ん中をくぼませて、牛乳、卵黄、溶かしバター、バニラエッセンスを加える。(ボウルを左手で回しながら)へらで切るように混ぜる。

4 粉っぽさがなくなるまで混ぜたら[→a]、生地をひとまとめにし、ラップでくるんで[→b]冷蔵庫で30分ほど寝かせる。

5 打ち粉(分量外)をして生地を1cm厚さにのばし、ドーナツ型で抜く(穴の部分や、抜いたまわりの生地もそのまま揚げるのが楽しい)。

6 揚げ油を170〜180℃に熱して5を入れ、生地が固まってきたら輪の部分に菜箸を入れて、油の中でぐるぐる回し、遠心力を利用して丸く形よく揚げる。途中で何回か返しながら、こんがりとキツネ色に揚げる。

7 大きな茶紙にグラニュー糖と上白糖を同量ずつ混ぜる。揚げたての6をのせ、紙でキャンディ状にくるみ、紙の左右を持ってシャカシャカと揺らし、ドーナツに砂糖をまぶす。
○紙袋に砂糖を入れ、この中でドーナツに砂糖をまぶしてもよい。
○冷めてからのほうがおいしい。

土井善晴（どい・よしはる）

料理研究家。「おいしいもの研究所」主宰。
朝は趣味のジョギングで汗を流し、
昼はおいしいもの作りに情熱を注ぐ。
1957年、〝日本の家庭料理の父〟と呼ばれた
故・土井勝の次男として大阪に生まれ、
スイス、フランスで西洋料理を学び、
大阪の「味吉兆」で日本料理を修業。
清く正しくおいしい「きれいな味」の家庭料理を提案。
早稲田大学文化構想学部の非常勤講師も務め、
同大学「食の文化研究会」（http://shoku.fukugo-waseda.jp/）
の研究員でもある。
『土井家の「一生もん」2品献立』
『日本のお米、日本のご飯』
『マンガ版 お料理入門』
（以上、講談社）など著書多数あり。

○土井善晴「おいしいもの研究所」ホームページ
http://oishii-web.hp.infoseek.co.jp/

ブックデザイン　茂木隆行
撮影　公文美和
スタイリング　中里真理子
構成・文　白江亜古
料理制作アシスタント　おいしいもの研究所

講談社のお料理BOOK
ふだんの料《りょう》理《り》がおいしくなる理《り》由《ゆう》
「きれい」な味作《あじづく》りのレッスン

2009年12月3日　第1刷発行
2023年3月3日　第16刷発行

著　者　土《ど》井《い》善晴《よしはる》

発行者　鈴木章一
発行所　株式会社　講談社
〒112-8001　東京都文京区音羽2-12-21
編集　03-5395-3527
販売　03-5395-3606
業務　03-5395-3615
印刷所　NISSHA株式会社
製本所　株式会社若林製本工場

KODANSHA

ISBN978-4-06-278433-7